東京総合指令室

東京圏1400万人の足を支える指令員たち

川辺謙一
Kawabe Kenichi

交通新聞社新書 072

図版（特記以外）・章扉デザイン／川辺謙一

はじめに

東京の電車は「世界でもっとも時間に正確」と言われるが、これはおそらく本当だろう。ただ、そうなったのは、日本人の几帳面さや手先の器用さ、コンピュータなどの技術のおかげと言う人がいるが、これは本当だろうか。もちろん、関係する部分はあると思うが、本書をお読みいただければ、それほど単純な話ではないことがおわかりいただけるだろう。

東京の電車の時間の正確さ、つまり定時性は、多くの人に支えられて実現している。この多くの人には、駅でのスムーズな乗降に協力するなどの点でわれわれ利用者も含まれるが、鉄道事業者（鉄道会社）に所属する職員や社員など、鉄道を支える人たちの存在は欠かせない。

われわれは、鉄道を支える人たちというと、駅などで見かける駅員や運転士、車掌などを思い浮かべるが、それは全体の極々一部にすぎない。実際は駅員や運転士、車掌などよりもはるかに多い人が鉄道を支えているのだが、その多くがわれわれ利用者から見えない職場にいるので、気付かないだけなのだ。

本書で紹介する「東京総合指令室」は、そうした見えない職場の1つである。ここでは、東日本旅客鉄道（ＪＲ東日本）に所属する５００人余りの社員が、１年３６５日昼夜問わず24時間体制で、山手線をはじめとする東京圏の在来線の輸送を管理している。そこには、異常を知らせる警告音が鳴り響き、指令員の声が飛び交う騒然とした部屋で、一刻も早く対処しようと走る人がいる。乱れたダイヤをなんとか早く正常に戻そうとする人がいる。一筋縄にはいかない、乗務員や車両のやりくりを考える人がいる。われわれ利用者の視点に立って運行情報を伝え、列車の接続などを考える人がいる。列車が安全に走れるように設備の状況に目を光らせる人がいる。始発の前には運転の準備に追われ、終電の後も作業に追われる人がいる。彼ら彼女らの奮闘なくして、東京圏の在来線の安全・安定輸送はあり得ない。技術が発達した現在でも、彼ら彼女らの仕事にはまだまだ機械にできないことがたくさんある。

しかし、われわれ利用者はそのことを知らない。東京総合指令室は、１日に約１４００万人の利用者を運び、約８０００本の列車を管理する輸送の要であるため、セキュリティがとくにきびしく、あまり情報が公開されていないからだ。テレビや新聞、ネットメディアで紹介されることもほとんどないので、日々東京の電車を利用していても、その存在すら知らない方も多いだろう。

今回筆者は、ＪＲ東日本の全面協力により、東京総合指令室の取材を許され、今まさに輸送を支えている指令長や総括指令長の話を聞くことができた。また、指令室の業務の過去・現在・未来に関する多角的な話も関係者から聞くことができた。

本書は、その取材で得た情報をまとめたものである。ぜひ気軽に読んでいただきたい。指令室の仕事は複雑で、専門用語を使わないと説明できなかった部分もあるが、難しいと思う部分は読み飛ばしていただいて構わない。本書で紹介したいのは、指令業務や運行管理の専門的な話ではなく、指令室で奮闘する人たちの姿だからだ。

われわれの生活は、警察や消防、自衛隊などの人たちだけでなく、電力・水道・ガス・通信などのライフラインを管理する人、そして東京総合指令室の社員のように、見えない職場で働く人によって支えられている。彼ら彼女らは、誰かから褒められたり、感謝されることはほとんどないが、日々確実に任務を淡々とこなし、社会を支えている。

そのことは、東日本大震災のような大きな自然災害などがあるとクローズアップされることがあるが、時間が経てばほとんどの人はそのことを忘れてしまいがちだ。しかし、ときどき思い出すと視野が広がり、東京や日本をふだんとは異なる視点で見ることができるだろう。そのための入口の1つとして、本書をお楽しみいただけたら幸いである。

東京総合指令室——目次

第6章　東京圏鉄道の今後……………157

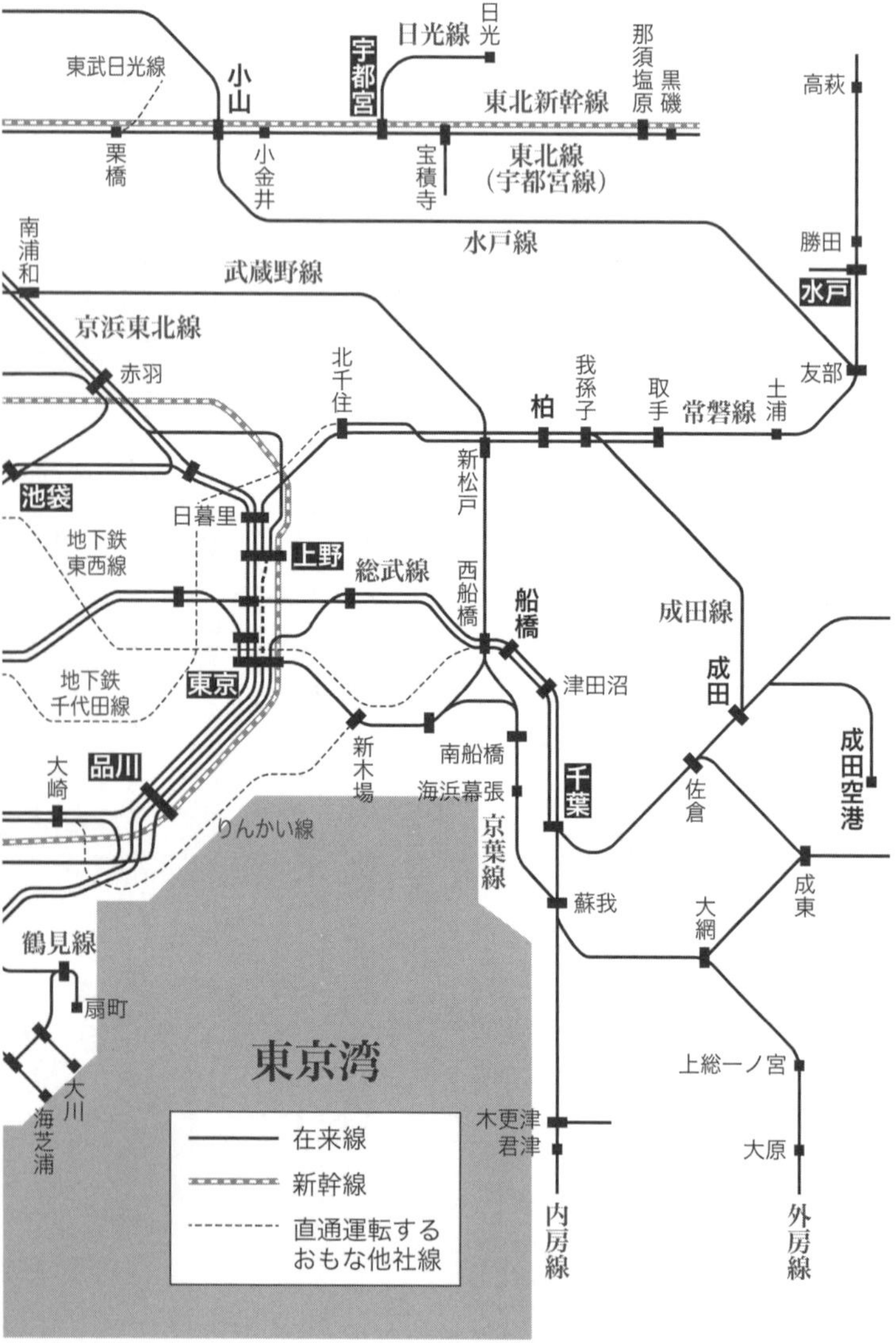
日光
日光線
宇都宮
小山
東武日光線
東北新幹線
那須塩原
黒磯
高萩
栗橋
小金井
宝積寺
東北線
(宇都宮線)
水戸線
勝田
水戸
南浦和
武蔵野線
京浜東北線
友部
赤羽
北千住
我孫子
取手
柏
常磐線
土浦
池袋
新松戸
日暮里
上野
地下鉄
東西線
総武線
西船橋
船橋
成田線
東京
地下鉄
千代田線
津田沼
成田
成田空港
品川
大崎
新木場
南船橋
海浜幕張
千葉
佐倉
りんかい線
京葉線
成東
蘇我
大網
鶴見線
扇町
東京湾
大川
海芝浦
上総一ノ宮
木更津
君津
大原
在来線
新幹線
直通運転する
おもな他社線
内房線
外房線

東京圏 JR ネットワーク

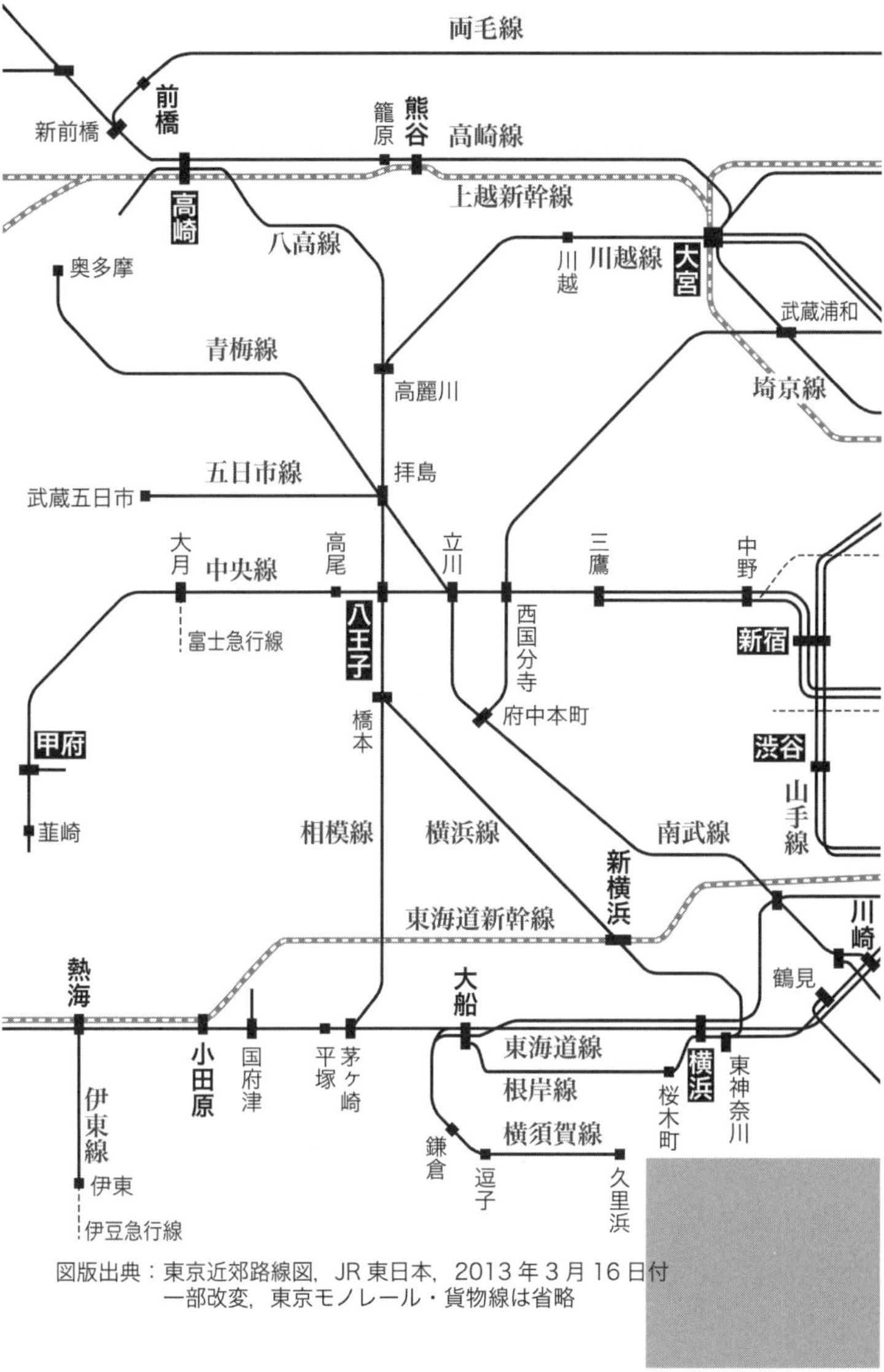

図版出典：東京近郊路線図，JR 東日本，2013 年 3 月 16 日付
一部改変，東京モノレール・貨物線は省略

第1章　指令室という職場

●突然破られる静けさ

東京総合指令室は広い。初めてそのドアを開けて中に入ると、そのスケールの大きさに圧倒される。目測では、床面積は一般的な小中学校にある体育館2個分よりも広く、天井の高さは一般のオフィスの2倍近くはあると感じた。あまりに規模が大きいためか、サイズの感覚がわからなくなり、室内を歩く社員が極端に小さく見えた。

この指令室は、規模だけでなく、置いてある機器が特殊だ。室内には一般的なデスクワークを行なう事務机もあるが、モニター画面や電話の受話器、マウスなどがずらりと並んだ操作端末や、ダイヤを印刷する巨大なプリンターなど、一般のオフィスでは見かけない機器が多数ある。

とはいえ、内部の雰囲気は一般のオフィスと変わらない。数人がテーブルを囲んで打ち合わせなどをしているところでは、若干声が聞こえるが、それ以外のところからはあまり話し声が聞こえない。100人以上の人が勤務しているとは思えないほど、静かだった。

ただしそれは何もないときの状態。ひとたびどこかで異常が起これば、その静けさは突然破られ、雰囲気が一変する。

東京総合指令室の内部

筆者が初めて指令室に入り、30分ほど経ったときだ。「ピピピピピ！」という異常を知らせる甲高い警告音が広い室内に鳴り響いた。

その瞬間、指令室の空気が急に張りつめる。その場にいた指令員の顔つきが瞬時に変わり、機敏に動き出す。

「障検動作です！」

若い指令員が、両手を口に当てて大声で叫ぶ。東海道線などの輸送を管理するブロックの指令員だ。室内には警告音が鳴り響くが、その声は通る。10メートルほど離れた位置に立っていた筆者にもはっきり聞こえた。

すると、そのブロックにいた指令員たちが慌ただしく動き始める。

「場所はどこ？」

「運転士に確認！」

「東海道線○○踏切で踏切直前横断です！」

状況確認や指示をする声が速いテンポで飛び交う。声が重なって聞き取りにくくなるので、指令員の声はどんどん大きくなり、騒然となる。徐々に声が声でかき消され、遠くで聞くと内容が判別できなくなる。


ここで何が起きたか説明しておこう。踏切直前横断とは、その名のとおり、踏切を列車が通過する直前に、何かが踏切を横断した、言い換えれば、遮断機が降りたあとに人や乗用車などが踏切に立ち入ったということだ。最初に指令員が言った「障検動作」の障検とは、障害物検知装置の略で、遮断機が降りたあとに踏切に障害物があると、踏切に設置されたセンサーが感知して指令室に警報を伝えるとともに、特殊信号発光機を明滅させて、列車の運転士などに異常を伝える。なお、東京圏の多くの踏切には、異常を知らせるための非常ボタンがあるが、とくに事故が発生しやすい踏切には障害物検知装置を設置して、異常があれば付近を走る列車を停めるようになっている。ただし、実際に踏切で何かが起きたかは、誰かが現地に行って確認するしかない。そこで、異常を検知した踏切を確認し、その付近を走る列車の運転士に連絡をとり、踏切を確認するように指示を出したのだ。

読者の方の中には、なぜそこまで騒ぐのかと疑問に思う方もいるだろう。たしかに踏切は、鉄道全体から見れば小さな施設にすぎないが、そこで異常が起こると、人命にかかわる事故が起こる可能性が高まる。もし事故が起きて負傷者が出れば、現場検証や救急搬送を行なうため、警察や消防に至急連絡しなければならない。もちろん、現場検証が終わるまで、一定の時間は列車を動かすことはできなくなるので、利用者への案内や、ダイヤを正常に戻す方法を考えなくてはならない。そうした対応を迅速に行ない、できるだけ早く定時運転に戻すには、「初動」と呼ばれる最初の行動をいかに早く、的確に行なうかが大きな鍵になる。だから指令員たちは、大声を上げて情報を伝え合いながら、全力で対応するのだ。

●走る指令員

その様子を、作業の邪魔にならないように離れた位置から見ていると、指令室の奥から聞き慣れない音が聞こえる。振り返ると、指令室のいろいろな場所から人がぞろぞろ出てくる。一般のオフィスでは考えられない速さで走り、こちらに向かってくる。何事かと驚いていると、目の前の通路を数人が勢いよく通過し、東海道線のブロックへと駆け寄る。

手分けして異常時に対応する指令員たち

東海道線のブロックは騒然。指令員たちが手分けをして作業する。モニター画面を見て列車の位置（在線位置）を確認する人。鉛筆と三角定規を持って大きな紙に印刷したダイヤに向かう人。列車無線や指令電話で駅や乗務員に向けた連絡・指示をする人。書類を書く人。それをコピーする人。テーブルの上のマウスを握り、書類を見ながら端末に入力する人。指示を出す人。「14：31　東海道線○○踏切障検動作、14：34　○○○M（列車番号）現地到着……」というように、現場で起きたことを時系列でホワイトボードに書き込む人。などなど、それぞれが互いに協力し合いながら作業を進める。

踏切内に人がいるという情報が入る。指令員たちの緊張が高まり、さらに騒然となる。負傷者が出る人身事故が起きた可能性が高まるからだ。指令員の声のトーンはさらに上がる。もう個々の声は聞き取れない。

状況を見て、総括指令長が駆け寄る。総括指令長は、指令室全体を総括するリーダー。通常は指令室中央にある「高台」と呼ばれる床が高い場所にいる。状況確認と指示のために東海道線のブロックにやってきて、突然大きな声で言う。

「年齢と性別は？」

その声のトーンを聞いて、部外者である筆者でも、何か重大なことが起きたであろうことはすぐにわかった。

このとき筆者は、本社広報部の赤谷《あかや》亮輔さんと東京支社広報課の鈴木則光さんに同行してもらいながら指令室内を歩いていたが、鈴木さんが総括指令長の声に鋭く反応した。鈴木さんは、もともと指令員としてこの指令室で勤務していた方で、つい先ほどまで内部を案内してくれていたのだが、冒頭の警告音にも反応していた。また、先ほどの総括指令長の声を聞き、「取材中にすみません、広報として知っておく必要があるので」と言い残し、足早に東海道線のブロックに走っていった。同行してくれた赤谷さんによれば、鉄道で事故が起こると、広報担当者はテレビや新聞などの報道機関に情報を伝えなければならないので、状況の詳細を把握するため、このように指令員に聞きに行くことがあるそうだ。

指令室に響いていた指令員の声は、しばらくして徐々にトーンが下がった。どうも踏切にいた人が線路から出たらしく、幸い負傷者はいなかったようだ。張りつめていた空気が少し緩んだ。

踏切の近くには、1本の列車が停まり、その列車の運転士が現場を確認したようだ。指令員が列車無線を使って、その運転士と交信した。

「〇〇〇M（列車番号）運転士、線路内に誰かいますか？」

「いません！」

「了解、運転再開します！」

東海道線は、発生から10分ほど経ったあとに運転を再開した。平日昼間の14時半すぎで、ダイヤに余裕があったためか、大きな影響はなかったようだ。駆けつけた社員は、各自の持ち場に戻り、指令室はふたたび静かになった。

あとで鈴木さんから聞いて知ったのだが、異常時には、異常があった方面を担当する指令員だけでは対応しきれない場合があるので、他の方面を担当する指令員が、手があいていれば応援に来るのだそうだ。先ほど述べたように「初動」が大切なので、指令員が走って応援に駆けつけるのだという。応援の指令員は、書類をコピーして渡したり、現場で起きたことをホワイトボードに書くなど、そこの直接の担当者でなくてもできる作業を行ない、サポートするそうだ。まさに指令員が一丸となって異常時に対処しているのだ。

この指令室は、ふだんは静かだが、管理する範囲の鉄道で事故やトラブルが起こるたびに、前述した状況になる。安全を確保しながら、少しでも早くダイヤを回復させるために、指令員が奮闘している。もちろん、1年365日、朝も昼も夜も曜日も年末年始も盆も関係なく、である。

そんな指令員の姿を、われわれ利用者は知らない。そもそも見たことがないので、知らないのは当然だろう。だから、先ほどのような踏切トラブルがあっても、多くの人は駅や車内で状況を知らせる放送を聞き、時計を見ながら、いつ目的地に着くかを気にしている。ただ、「あれ、思ったより早く列車が動き出したなあ」と思うときがあれば、それはここにいる指令員のおかげかもしれない。

●バレーボールコートが4面入る部屋

状況が落ち着くと、鈴木さんがほっとしながら戻って来て、案内の続きをしてくれた。現在、鈴木さんは指令員ではないが、刻々と変化する状況を報道機関に伝えるのもたいへんなようだ。

冒頭で述べたように、この指令室は広い。『運転協会誌』で公開された情報によれば、指令業務を行なう部分の床面積は、最大1万人を収容できる「東京体育館」メインアリーナの競技フロア

東京圏で大量旅客輸送を担う列車たち（日暮里付近）

よりも広い。訓練室や休憩室を含めた総床面積は、東京ドームのグラウンドよりも広い。

なお東京体育館のウェブサイトには、メインアリーナの競技フロアでは、バレーボールやバスケットボールの公式コート4面や、160メートルの陸上競技トラック、4000席の仮設席を設けることができると記されている。東京総合指令室では、それよりも少し広い部屋に約150人の社員がいる。冒頭で筆者が「人が小さく見えた」のは、部屋の広さに対して人の数が少なかったからだろう。

東京総合指令室は、JR東日本が持つ指令室の一つで、東京圏の在来線を管理している。JR東日本は、延べ7474・2キロに及ぶ鉄道を運営する鉄道会社であり、1日に平均1711万人が利用している（2014年4月現在）。ご存じのとおり、鉄道の総延長や

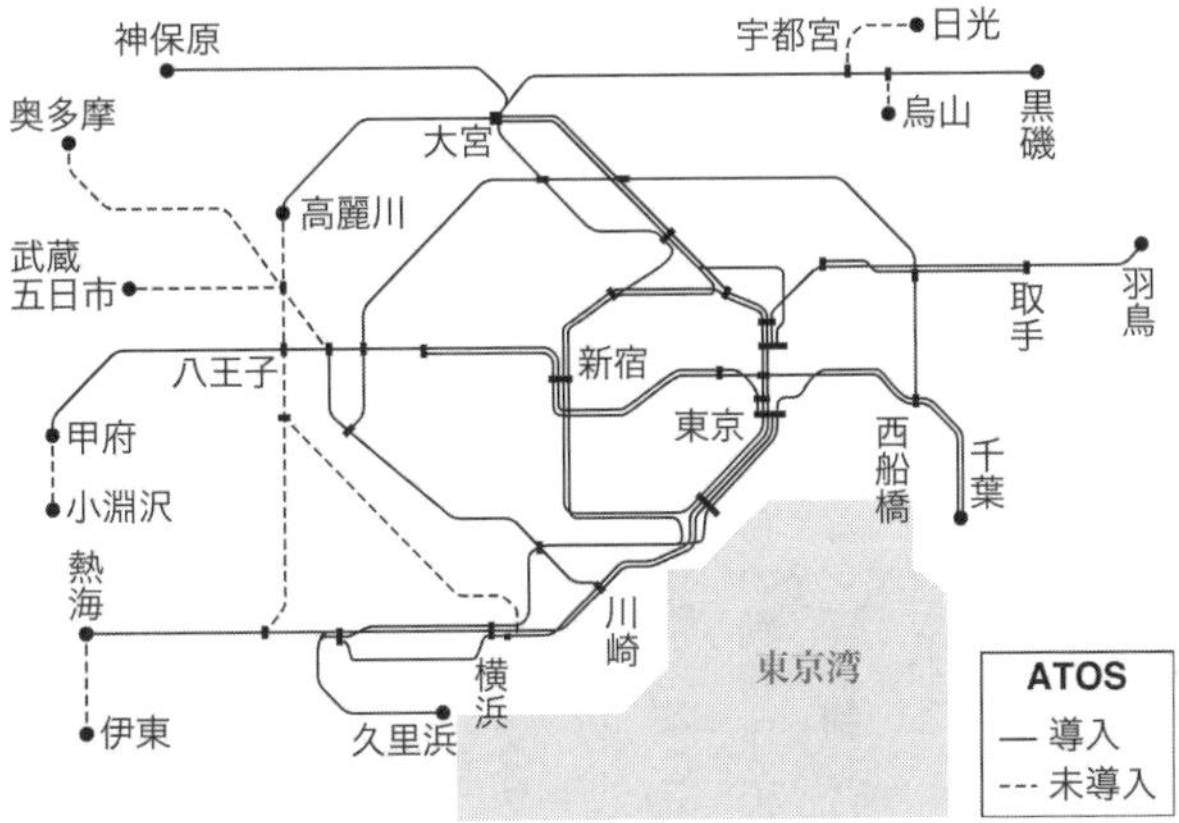

東京総合指令室の管理線区（2014年9月現在、貨物線除く）

旅客輸送量においては、日本のみならず、世界でも最大規模の鉄道会社である。そして、輸送する旅客数のうち、約8割は東京圏の利用者であり、その輸送を管理しているのが、この東京総合指令室である。まさに輸送の要である。世界広しと言えども、これほどの規模の鉄道輸送を一括して管理する施設は珍しい。少なくとも日本の鉄道にある指令室の中では、最大級の規模だ。

この指令室がある場所は、残念ながら「某所」としかお伝えできない。この指令室は、その特殊性ゆえにセキュリティが大変きびしく、場所が公開できないのだ。ＪＲ東日本の社員でも、入場するには複雑な手続きが必要で、一部の人しか入ったことがなく、今回のような取材を受けた例もほとんどないそうだ。

また、そのセキュリティのきびしさゆえに写真撮影を禁じられたため、本書には指令室の写真を1枚も載せられなかったが、代わりにスケッチや資料をもとに筆者がイラストを作成した。このイラストで、指令室のおおよその雰囲気を感じていただけたら幸いである。

●500人以上が所属する職場

東京総合指令室には、総計500人余りの社員が所属しており、24時間体制で勤務している。東京圏の在来線では、一部線区を除き1時から4時までの深夜帯に列車は走っていないが、この間でも保線作業や架線への送電停止などをサポートする仕事があるので、深夜でも常に社員がいる。1年365日で人が途絶えることはない。

指令室に所属する社員の勤務体系は、一部の人を除き24時間勤務だ。3交代勤務のように、日ごとに勤務時間が変わるシフト制ではなく、朝に出社したら、そこから24時間連続で会社におり、次の日の朝に退勤して非番となる。この勤務体系については、第2章でくわしく説明する。

この指令室にいる人たちは、比較的年齢層が低い。鈴木さんによれば、平均年齢は30代前半だと言う。鉄道の指令員は、駅などの現場を知らないと出来ない仕事であるため、勤務経験を重ねた年配のベテラン社員が担当することが一般的のようだが、ここでは20代や30代の社員が多く、女性も多い。もちろん、みな現場での勤務を経験している。他の鉄道事業者の人は、ここに視察に来ると「指令員が若い」とよく言うそうだ。

なぜ若い指令員が多いのか。複雑な指令業務や機器の操作を覚えるのは、若い人のほうが向いているということだろうか。そう思って鈴木さんに聞いてみると、どうもそうではなく、社員の年齢構成にあるという。

ＪＲ東日本の社員は、人数が少ない年代が存在する。国鉄が経営難に陥った国鉄末期からＪＲ発足後までに採用を控えたからだ。このため、社員の世代交代が進んだ結果、若い指令員が増えたのだそうだ。ただし、この指令室の一角には、「指導」と呼ばれる部署があり、指令業務の経験を重ねたベテラン社員が日勤で勤務し、若い指令員をサポートしている。

なお、この指令室には、日本貨物鉄道（ＪＲ貨物）の社員もいる。ＪＲ東日本が運営する鉄道には、旅客列車だけでなく貨物列車も走っているからだ。指令室の一角には、ＪＲ貨物の指令室があり、そこにＪＲ貨物に所属する指令員がいる。列車の遅れなどが生じると、ＪＲ東日本とＪＲ貨物の指令員が情報交換をしたり、協議することがある。

●仕切がない室内

この指令室で行なわれているおもな指令業務は、大きくわけて次の4種類がある。

・輸送指令（列車の運行管理）
・運用指令（乗務員や車両の運用管理）
・営業運輸指令（駅や乗務員への情報提供・指定席調整など）
・設備指令（鉄道設備の保守・管理）

輸送指令は、駅員や、運転士や車掌などの乗務員に対して指示を出し、列車の運行を管理する。鉄道の指令と聞いて、多くの人が思い浮かべるのは、おそらくこの輸送指令だろう。東京総合指令室では、もっとも人数が多い部署で、指令室に所属する500人余りのうち、約300人が輸送指令の仕事をしている。

運用指令は、乗務員と車両の運用を担当しており、輸送障害などが発生したときは、乗務員と車両を手配する。車両が故障したときに、乗務員に応急処置を指示したり、車両保守部門などに

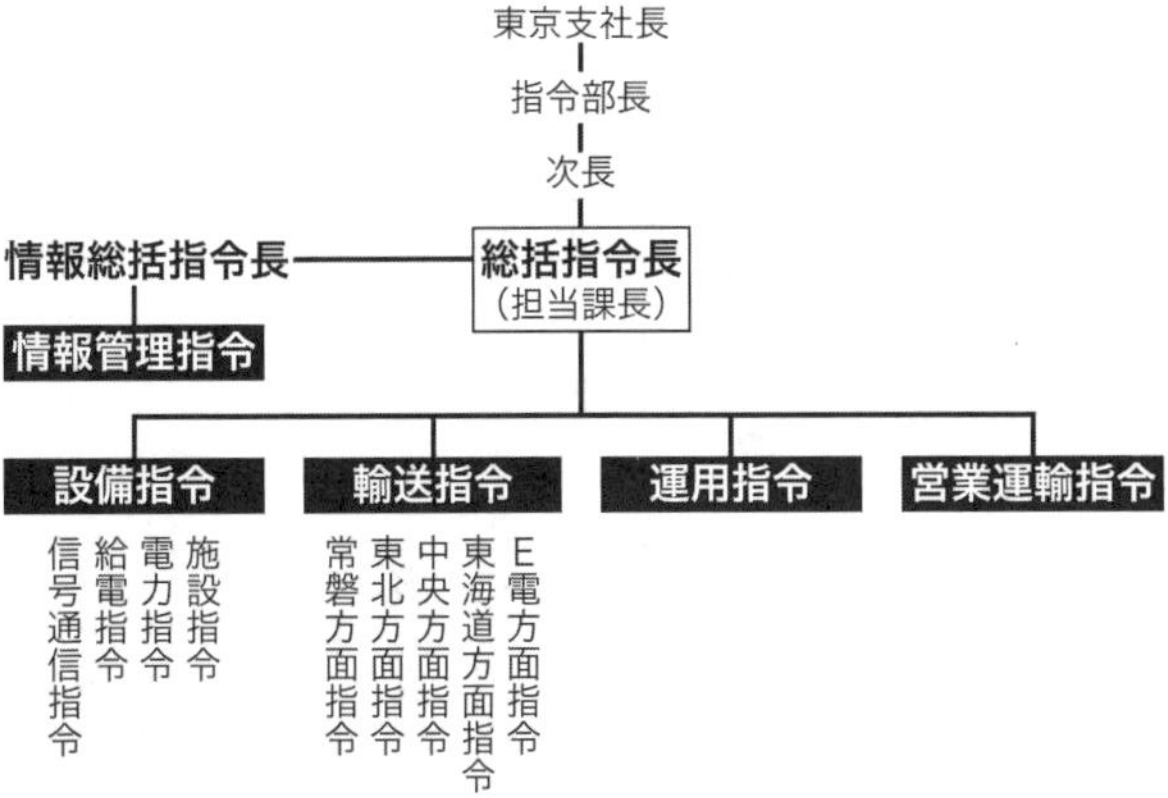

東京総合指令室の指揮命令系統図

修理手配を行なうのも、運用指令の仕事だ。

営業運輸指令は、おもにサービス関連を扱っており、駅や乗務員に情報を提供したり、特急列車の指定席や、列車接続の調整などを行なっている。輸送障害などが発生したときは、特急列車の運休や振替乗車の手配、利用者に情報を提供している。

設備指令は、線路や信号、通信、電力など、鉄道設備の保守や管理を扱っており、輸送指令と連携しながら保守や工事を行なう現場に指示を出している。また、トラブル発生時には復旧作業の手配や指示を行なっている。

鉄道会社の中には、これらの種類ごとに指令室を別々に設けているところもあるが、東京総合指令室では4種類の指令業務が1カ所に集約してあり、それぞれの連絡や調整がしやすくなっている。これが、指令室の名前に「総合」がつく理由だ。

指令室の内部の構造は、セキュリティの関係で、図で説明することはできないが、四角い指令室の中央に高台と呼ばれる床が高い場所があり、その周りを囲むようにさまざまな部署があるのを想像してほしい。高台以外で大きな面積を占めているのは、次の9つのブロックだ。

（1）E電方面指令（山手線・京浜東北線・根岸線・埼京《さいきょう》線など）
（2）東海道方面指令（東海道線・東海道貨物線・南武線・横須賀線・総武快速線など）
（3）中央方面指令（中央快速線・中央緩行線・総武緩行線など）
（4）東北方面指令（宇都宮線・高崎線・武蔵野線・東北貨物線など）
（5）常磐方面指令（常磐線・常磐緩行線など）
（6）施設指令（駅・軌道・構造物など）
（7）信号通信指令（信号・通信）
（8）給電指令（発電所～変電所）
（9）電力指令（変電所～架線）

（1）～（5）は輸送指令のブロックで、管理する線区の方面別に5つに分かれている。（6）～

(9)は、設備指令のブロックで、業務の種類別に4つに分かれている。なお、運用指令や営業運輸指令は、輸送指令や設備指令にくらべると人数が少ない。運用指令は指令室の一角にいる。営業運輸指令は、総括指令長とともに高台にいる。

ここで「線区」という言葉が出たので説明しておこう。線区とは、鉄道における一定の区間のことだ。東京圏では、同じ路線に複数の運転系統が存在する区間があり、京浜東北線のように運転系統の線区の通称が案内表示に使われている例が多い。このため本書でも、路線ではなく線区という言葉を使うことにする。

●指令室が見渡せる高台

鈴木さんに案内してもらい、高台に上がらせてもらった。高台というと、盆踊りの櫓のように高い場所にあるものをイメージする方もいるかもしれないが、実際の床面の高さは階段3段分で、さほど高くはない。とはいえ、想像以上に見通しがよく、指令室全体や、前述した9つのブロックの細部がよく見える。視界や音を遮る壁がないので、遠くまではっきり見えるし、各ブロックの音が聞こえるので、指令室全体の様子を把握しやすい。それらを実際に体験すると、総括指令長が高台にいる理由がよくわかる。

高台には、総括指令長や営業運輸指令の社員以外に、情報管理指令と情報総括指令長がいる。情報管理指令は、ダイヤが大きく乱れたときに総括指令長と調整しながら情報を収集し、報道機関を通して運行情報を伝えている。

高台の一部は、会議室になっており、JR東日本の本社や各支社とテレビ会議ができるようになっている。悪天候や地震、事故などで大きな輸送障害が発生したときは、ここで本社や各支社と協議し、対策を検討する。2014年に入ってからは大型テレビが導入され、テレビ会議がしやすく改良されたそうだ。

指令室にあるテレビ放送用スタジオ

高台にある会議室の隣には、テレビカメラを備えた小さなスタジオがあり、鉄道の運行状況をアナウンスできるようになっている。NHK総合テレビの朝のニュース番組で、「JR東日本の○○さん」という呼びかけのあとに放送される映像は、このスタジオを通して放送局に送られている。

あらためて高台から周囲を見回すと、壁の1カ所に巨大な電光掲示板があるのが見えた。これは、設備指令の中の給電指令や電力指令のものだ。列車の位置を示す「列車位置表示盤」ではない。

鉄道の指令室には、室内全体から見える巨大な「列車位置表示盤」を設置した例が多いが、そのような電光掲示板はこの指令室にはない。その理由は、のちほど輸送指令の話で説明することにしよう。

●鉄道施設を守る設備指令

高台を降りた場所にあるスペースは、面積の6～7割を後述する輸送指令が占めているが、残りの大部分が設備指令になっている。設備指令には、施設指令や信号通信指令、給電指令、電力指令の4つのブロックが並んでいる。施設指令は、線路や駅、構造物などの施設の保守や管理を行なっている。信号通信指令は、信号指令と通信指令に分かれており、信号指令は、信号機や分岐器（ポイント）の転てつ機、運行管理装置などを扱う。通信指令は、列車無線やネットワークシステムなどの状態監視や障害対応、また日々の作業内容の把握などを行なっている。

設備指令でとくに目立つのは、壁を覆う巨大な電光掲示板がある給電指令と電力指令だ。給電指令は、発電所から変電所に至るまでの電力を扱い、電力指令は変電所から電車や駅などの設備に送る電力を扱う。指令員たちは、巨大な電光掲示板を向いて座っている。

給電指令は、発電所を所有するJR東日本ならではの指令だ。JR東日本は、直営の発電所を持つ鉄道会社で、川崎に火力発電所が1カ所、新潟に水力発電所が3カ所あり、同社が消費する電力の約6割を賄っている。

東京都内を走るJR東日本の電車が消費する電力の約3割は、同社の水力発電所からの電力で、朝夕ラッシュ時間帯の列車の運転本数の増減に合わせて発電量を調節している。このため、他の鉄道会社にはない発電所を管理する指令が存在する。

巨大な電光掲示板には、電力系統図や天気図が表示されている。電力系統図は、送電線の電気の流れを可視化したもので、状態を色で識別できるようになっている。天気図は、天気予報でおなじみの雲の様子や、落雷の様子を表示する。この情報は、気象情報専門の会社から送られてくるリアルタイムのもので、水力発電所に影響する雨の状況や、電力関連の施設に影響を与える落雷の状況などを把握するために表示される。

●運行管理の中枢・輸送指令

輸送指令は、設備指令に隣接しており、前述したように方面別に5つのブロック（E電方面指令・東海道方面指令・中央方面指令・東北方面指令・常磐方面指令）に分かれている。「E電」という言葉は、1987年にJR東日本が発足した直後に「国電」に代わるものとして考えられ、結果的に一般には定着しなかったが、指令業務ではその名が今も使われている。ただし、担当す

指令室の操作端末

る線区は、「国電」と呼ばれた通勤形電車が走る線区のすべてではなく、山手線・京浜東北線・埼京線や、それぞれに接続する根岸線や川越線、湘南新宿ラインなどに限定されている。

輸送指令の各ブロックには、横に長い操作端末が置いてあり、その前には指令員が座る座席が並んでいる。これが輸送指令の中枢だ。

操作端末には、垂直の壁とテーブルがあり、垂直の壁にはモニター画面が並んでいる。テーブルには、パソコンのものと同じマウスがあり、指令員がモニター画面を見ながら入力作業ができるようになっている。またテーブルには、駅員や乗務員などと通話する電話や、無線機がある。つまり、この操作端末の前に座れば、列車の動きをリアルタイムで把握しながら、駅員や乗務員などと連絡がとれるようになっているのだ。

モニター画面の1つを見せてもらった。そこには線路の配置を示す配線図があり、駅や信号機、分岐器（ポイント）、そして列車の位置などが表示されていた。列車の位置を示す部分には、列車を識別する列車番号や遅れが小さく表示されていた。つまり、この画面を見れば、どの列車が今どこにいて、何分遅れで走っているかが一目でわかるのだ。遅れが29秒までなら表示はなく、30秒から59秒までなら「0」と表示される。画面を見回したら、表示されたすべての列車が表示なし、または「0」になっていた。これがほぼ定時運行の状態だそうだ。

鉄道の輸送を管理する指令室では、列車位置表示盤と呼ばれる、列車の位置を示す大きな電光掲示板がある場合があるが、東京総合指令室にはそれはない。列車の位置をすべてモニター画面に表示する運行管理システムを採用したからだ。

●東京圏輸送管理システム・ATOS

この運行管理システムには、「東京圏輸送管理システム」という正式名称があるが、「ATOS（アトス）」という通称でよく呼ばれている。東京圏の輸送管理を近代化するために、JR東日本と日立製作所が共同で開発したものだ。ATOSは、Autonomous decentralized Transport Operation control System（自律分散型輸送管理システム）の略だ。操作端末の垂直の壁には、A

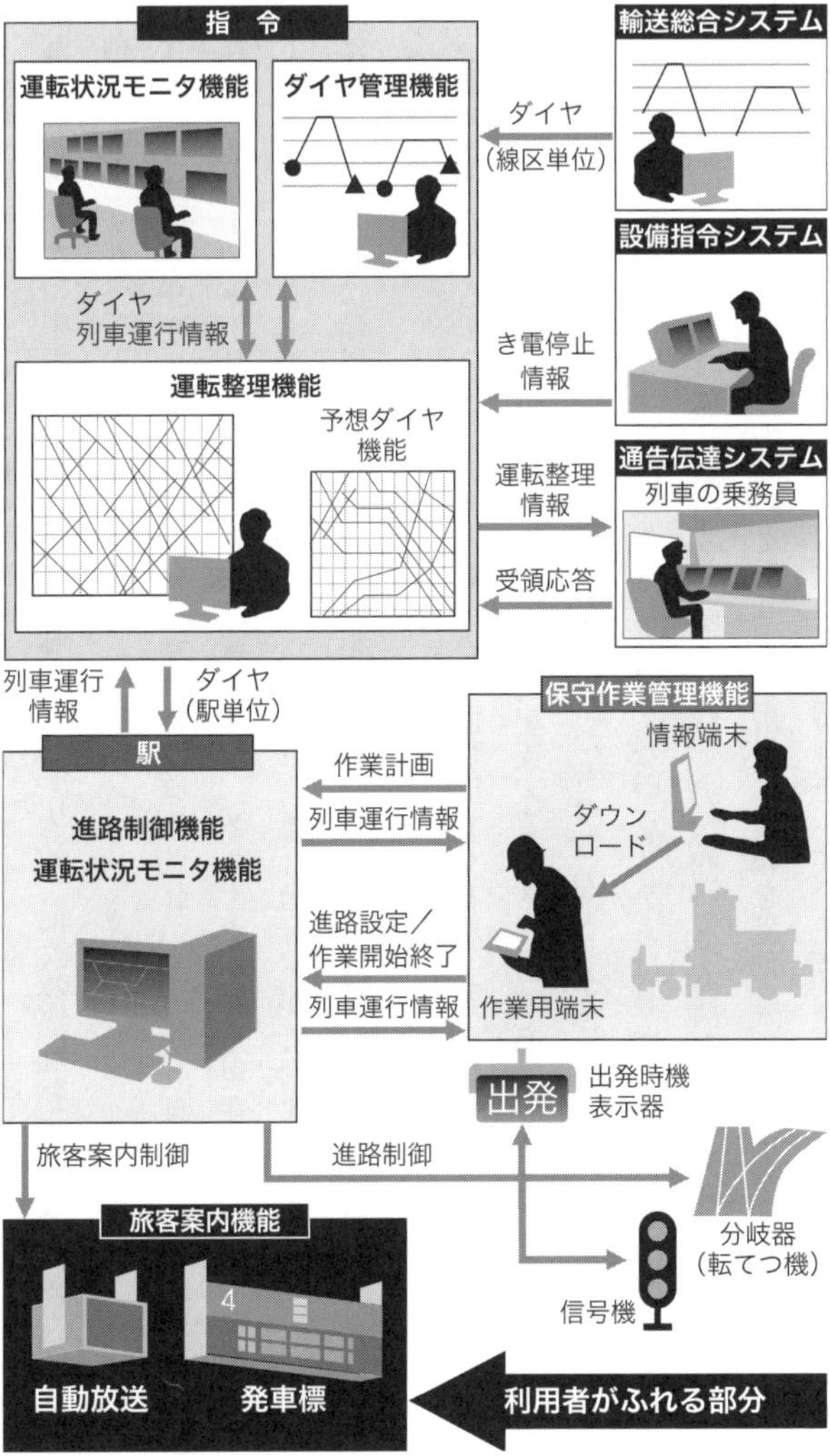

ATOSの機能（出典：建設プロジェクトを支える新技術、JR東日本ウェブサイト、一部改変）

ＴＯＳのロゴタイプがある。開発当時に副社長だった山之内秀一郎氏（故人）は、自著『ＪＲはなぜ変われたか』の中で「一字スペルが違うが、ギリシャ正教の聖地Athos（アトス）にちなんだ名前だった」と述べている。

ＡＴＯＳは、１９９６年12月に中央線で最初に導入され、その後、東京圏の線区に徐々に導入された。２０１２年１月には武蔵野線に導入され、２０１４年４月現在は20線区、線路延長１１８１・３キロの鉄道を管理している。これは、東京総合指令室が管理する１２６９・７キロには及ばないが、今後は横浜線や京葉線、青梅《おうめ》線、五日市《いつかいち》線にもＡＴＯＳが導入され、範囲が広がる予定だ。

本書では、今後ＡＴＯＳという言葉が繰り返し出てくるが、ＡＴＯＳが何かわかりにくいという方もいるだろう。ＡＴＯＳは、鉄道の輸送を支えるシステムであり、さまざまな部署が情報を共有して、異常時に迅速に対応できるようにしたものなので、全体像は目で見えない。

多くの鉄道利用者にとっては、こうした見えないシステムはわかりにくいし、知らなくてもとくに困らないが、じつは無意識のうちにＡＴＯＳの一部である旅客案内システムと接している。旅客案内システムとは、その名のとおり、利用者に情報を提供し、案内するものであり、駅のホームの自動案内放送や、列車の行き先や発車時刻を示す発車標などがこれに相当する。これらの

ATOSと連動する電光掲示板

放送・表示装置が伝える情報は、指令室に届く列車運行情報と連動しているし、その内容を指令員が変えることもできる。このため、ダイヤが乱れて列車の行き先などを変更する場合も、発車標などの表示内容をすぐに変えられるので、利用者への案内がスムーズにできるのだ。

こうした情報提供は、年々進化している。たとえば、２０１４年３月に公開されたスマートフォン用アプリ「ＪＲ東日本アプリ」を使うと、列車の運行情報をリアルタイムで入手できる。また、現在は試行段階だが、一部の線区に関しては、列車の位置も知ることができる。かつては指令員など一部の人しか把握できなかった情報が、誰でもかんたんに得られるようになったのだ。これらの情報も、ＡＴＯＳを通じて発信されたものだ。

デスパッチャーを装着した指令員

●指令の声は支社長の声

指令員は、異常時に迅速な対応をすることが求められるが、その上で重要になるのが情報伝達だ。的確な対処をするには、異常があった現地や、線区全体の状況を正確に把握する必要があるからだ。

おもに輸送指令を行なうブロックには、さまざまな情報伝達手段があり、代表的なものには、駅や乗務員区（乗務員の事務室）などと通話する指令電話や、列車にいる乗務員と通話する列車無線がある。操作端末のテーブルには、そのための受話器も置いてあるが、指令員がデスパッチャーと呼ばれるヘッドセット（ヘッドフォンとマイクがセットになった装置）を装着して、両手で作業しながら通話することができる。また、放送用のマイクもあり、駅や乗務員区、列車の乗務員室などに同時に情報を伝える一斉放送もできるようになっている。

案内してくれた鈴木さんによれば、指令員の間で、「指令の言葉は、支社長の言葉」と言われているそうだ。指令室から列車無線や指令電話を通して伝える指令員の言葉は、それを聞く駅員や乗務員などにとっては、この指令室を代表するものになる。東京総合指令室は、ＪＲ東日本の東京支社に属し、指令員は支社長の命令を代弁することになるのだそうだ。

なお、輸送指令には、他社の指令室につながる連絡電話もある。東京圏の在来線は、常磐緩行線が東京メトロ千代田線、中央・総武緩行線が東京メトロ東西線、埼京線がりんかい線と相互直通運転（相互乗り入れ）をしているので、他社との調整が必要になったときにこの連絡電話を使うのだそうだ。

●進化した情報伝達手段

口頭による連絡は、指令室で長らく使われている情報伝達手段だが、ヒューマンエラーによる伝達ミスが起きやすく、それを防ぐために復唱を行なうと、伝達に時間がかかり、対応が遅れる場合がある。このため、この指令室では、口頭以外の情報伝達手段として、ファクスや通告伝達システム、車両故障情報伝送システムなどが使われている。

ファクスは、指令員が書いた書類を駅や乗務員区に流すときに使う。たとえば、常磐線のように特急列車が多い線区では、ダイヤの乱れが生じたときに、指令室の判断で特急列車とその他の列車の順序を変え、特急列車を先に行かせることがあるが、そのままだと駅が混乱するので、指令員が順序の変更を指令計画書に書き、ファクスで駅に送信する。

通告伝達システムや車両故障情報伝送システムは、近年導入されたもので、従来、口頭で伝えていた情報を文字などに変換し、相手の端末のモニター画面に表示することができる。同じ情報を複数の場所に同時に伝えることができる上に、復唱する必要がないので、情報をより早く確実に伝えることができる。

通告伝達システムは、指令員から乗務員への運転通告や、後述するプレダスの情報を文字にして、運転台のモニター画面に文字で表示する。複数の列車の乗務員に同時に情報を伝えられるのが特徴だ。

車両故障情報伝送システムは、故障した車両の状態を、運用指令や車両保守部門のパソコン画面に表示するシステムだ。東京圏の在来線を走る新しい電車では、車両の故障状況を運転台のモニター画面に表示できるが、離れた場所にいる車両関連の社員も、同じ情報をパソコンで見ることができるので、的確に把握でき、乗務員への指示やアドバイスがスムーズにできるようになったという。

これらの手段がなかった時代は、情報をすべて指令電話や列車無線で伝えていた。そのころの話は、第5章や第6章でも紹介する。

●自然災害から鉄道を守るプレダス

操作端末の横には、プレダスと呼ばれる防災情報システムの端末があり、モニター画面に気象などに関する情報が表示されていた。プレダスは、JR東日本の防災情報システムで、沿線各地に設置された風速計や地震計、雨量計などの観測機器の情報を収集し、指令室のモニター画面に表示するもので、列車運行に影響を与える値を観測すると警報を出す。地震や強風、豪雨などで運転が規制される場合は、前述した通告伝達システムで列車に伝わり、運転台のモニターに表示される。また、大きな地震が発生した場合は、列車無線で自動的に一斉放送し、乗務員に伝えるしくみになっている。

輸送指令は、プレダスの端末に送られてくる情報をもとにダイヤを変更し、必要に応じて列車を減らしたりする。

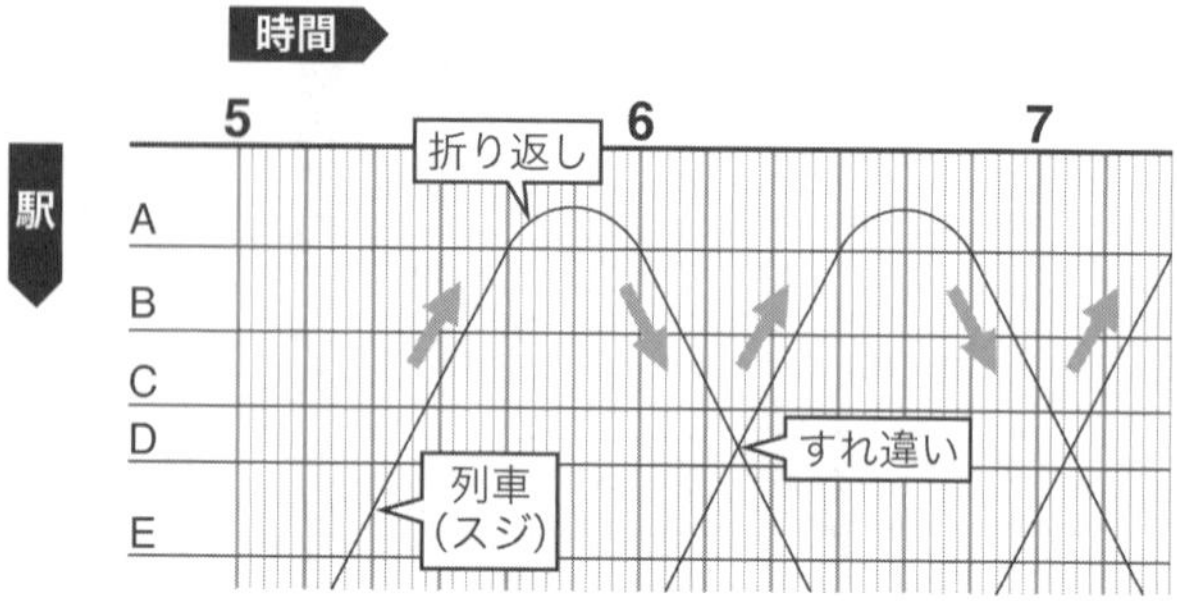

ダイヤのイメージ。「スジ」が列車の動きを示す

●ロール紙に印刷したダイヤ

輸送指令のブロックには、冒頭で紹介した巨大なプリンターがあり、ロール紙にダイヤを毎日印刷している。臨時列車や細かい変更によって、ダイヤは毎日変わるからだ。数日前に印刷したダイヤが直前になって変更になることもある。ダイヤを印刷した紙は横長の長方形で、縦が70センチメートルぐらい、横は数メートルある。

さて、ここまでダイヤという言葉を繰り返し使ったが、これは列車の動きを示すもので、「列車ダイヤ」または「列車運行図表」と呼ばれる。ただしこれは鉄道における狭義のダイヤで、広義のダイヤには乗務員や車両の運用を示す図も含まれる。ただ、テレビや新聞などでは、「列車ダイヤ」のことをダイヤと呼ぶので、本書でもそれに従うことにする。

ダイヤの見方をかんたんに説明しよう。ダイヤは、おおまかに

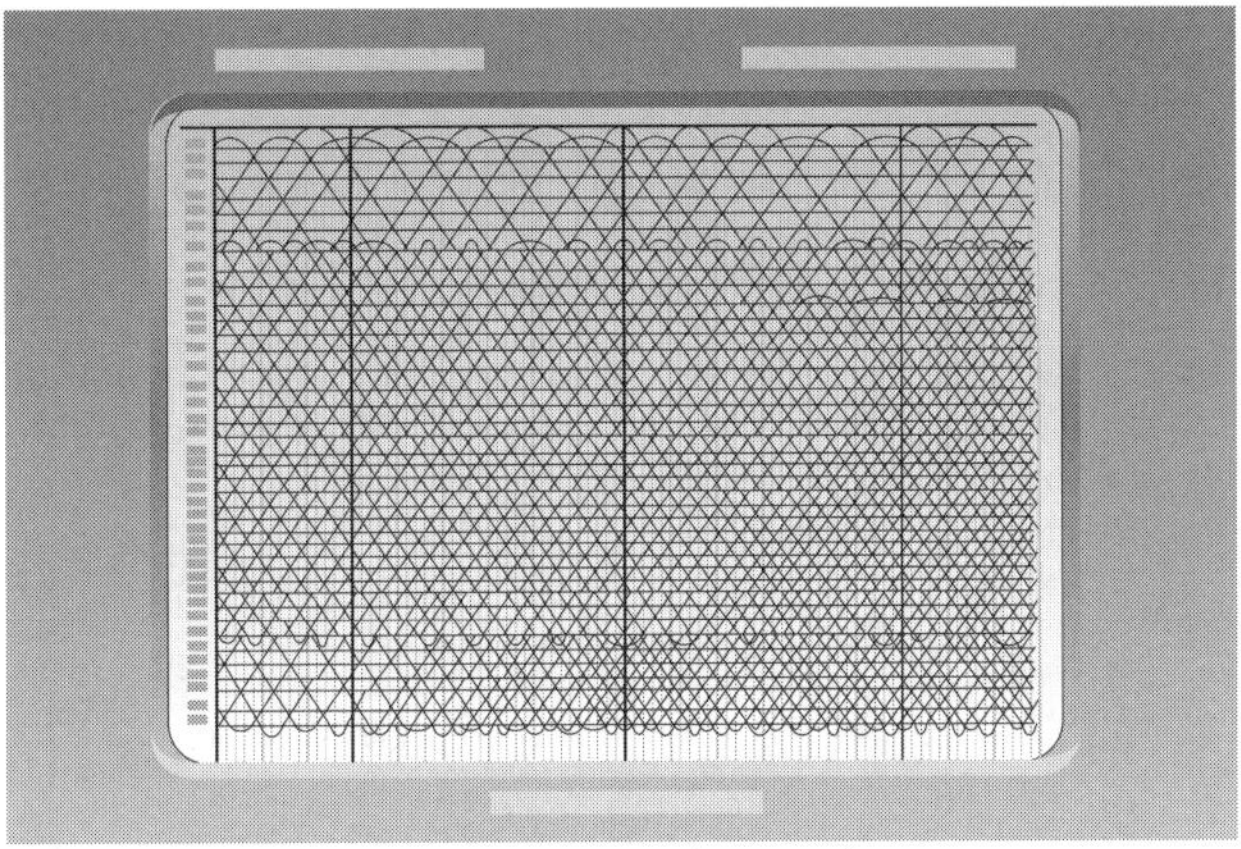

操作端末の画面にもダイヤが表示される（イメージ）

言うと、方眼紙のように直交する縦線と横線がたくさん並んだものに、「スジ」と呼ばれる斜線が入っているものだ。縦軸は駅などの位置、横軸が時間で、「スジ」が列車を指すので、「スジ」が通る縦線と横線をたどれば、その列車が何時何分にどこにいるかがわかる。

東京圏の在来線で使われているダイヤは、列車の到着や発車の時刻が秒単位で記されている。時間の目盛りは分単位だが、駅を示す横線と列車を示す斜線の交点には、「爪」や「ヒゲ」と呼ばれる「秒記号」があり、到着や発車の時刻が10秒または15秒刻みで記されている。つまり、列車の運転も、10秒または15秒刻みの精度で行なわれている。われわれが時刻表で見る到着や発車の時刻は、ダイヤに記された秒単位の時刻を分単位に「翻訳」したものである。

詳細は割愛するが、ダイヤには「秒記号」以外にもさまざまな記号がある。指令業務に携わる社員は、みなそれを読み取る訓練をしている。

●運転整理で正常にもどす

ＡＴＯＳは、列車の位置を把握しながら、プログラムに入力されたダイヤにしたがって線区にある信号機や分岐器を自動的に操作するので、列車がダイヤどおりに走っていれば、輸送指令員はＡＴＯＳの端末を操作することはない。運転本数が多い朝夕のラッシュ時には、異常時にすぐに対応できるように操作端末の前に着席するが、それ以外の時間は操作端末以外のテーブルで打ち合わせをしたり、異常時に備えて勉強や訓練をしている。なお、1日でもっとも混雑する朝のラッシュ時にも指令室に入れてもらったことがあるが、昼間とくらべるとより緊張感があった。

ダイヤは、事故やトラブルで突然乱れることがあり、そのたびに指令室は冒頭で紹介したような騒然とした状態になる。鉄道では、鉄道運転事故と呼ばれる列車の衝突や脱線などの事故はもちろん起きてはならないが、輸送障害と呼ばれる鉄道運転事故に至らないトラブルで、ダイヤが乱れることがたびたびあり、そのたびに運転整理が行なわれる。

運転整理は、ダイヤの一部を変更し、正常な状態に戻すことだ。ダイヤの変更では、発着時刻や発車番線、停車駅、折り返し駅、列車の行き先や種別、順序などを変更し、運転間隔を調整する。ダイヤの乱れが大きくなると、運転士や車掌などの乗務員や、車両の運用も調整する必要があるので、複雑な作業だ。輸送そのものに影響を与えるので責任は重い。このため、「計画」と呼ばれる、輸送指令として経験を重ねた指令員でないと運転整理はできない。

ダイヤが乱れると、「計画」担当の指令員が運転整理を行ない、指示内容を指令計画書と呼ばれる書類を書く。他の指令員は、それを見ながらATOSの操作端末に情報を入力し、駅や乗務員などに情報を伝える。すると、運転整理の指示が列車の動きに反映され、ダイヤが正常にもどる。この状態を「ダイヤが平復する」という。

●頭で瞬時にシミュレーション

同行してくれた鈴木さんはもと「計画」で、運転整理をした経験を持っているので、実際にどのようにダイヤを変更するのか教えてもらった。たまたま近くの操作端末にダイヤが置いてあったので、鈴木さんはそれに書かれた「スジ」を指差し、「もしこの○○○（列車番号）が○分遅れたら……」と言ったあと、明らかに今までよりも速いペースで話し始め、あっと言う間に説明がおわった。その間はおそらく10秒ぐらいだったと思うが、筆者はさっぱり話についていけなかった。一応鉄道のライターなので、ダイヤの読み方はある程度知っているが、それでも説明に思考が追いつかない。もう一度説明してもらったが、結果は同じ。「この下り列車を運休にすると、この駅で折り返す上り列車もなくなり……あれ？」などと一度詰まると、もうついていけない。そもそも筆者のような素人がついていけるはずはないが、最初のとっかかりすらわからない。

ただ、この説明を聞いて1つだけわかったことがある。それは、指令員の人たちが、線路の配置を示す配線図や、ホームに入れられる列車の長さなどの複雑多岐にわたる情報をしっかりと覚えており、列車の運行状況に応じて、最適な運転整理の方法を、正確かつ短時間で導き出せる訓練をしていることだ。

ダイヤの乱れはいつどこで起きるかわからない突発的なものなので、どの時間帯、どの区間で起きても運転整理をして、ダイヤを平復しなければならない。しかも、先ほどのように指令室が騒然となっても、冷静に判断する必要があるので、異常がない時間にサササッとシミュレーションができるのは、ある意味当然なのかも知れない。鈴木さんによれば、指令員は、異常がないときに「○時○分に○駅で人身事故が起きて列車が60分遅れたら」という自ら課題をつくり、運転整理をする訓練をしており、いざというときに備えているという。

運転整理の説明を聞いて、筆者は、機織や印刷機のように「ガチャンガチャン」と一定のリズムを刻みながら動く機械を思い出した。このような機械は、どこかの部品のチューニングが甘くなるだけで調子が狂ったり、壊れることがある。修理するには、基本的に機械を止めなくてはならないが、機械を動かしながらチューニングして修理する方法もある。ただし、それは機械を知り尽くしてないとできないし、下手をするとかえって悪い結果につながることもある。

これは例えとして適切ではないかもしれないが、運転整理は、この機械のチューニングに似た点があるように筆者は感じた。高い密度で走る列車は、ダイヤに記されたリズムを刻みながら、駅での折り返しを繰り返している。もしトラブルが起きたら、その影響が広がるのを避けるため、すべての列車を停めてしまうという方法もあるが、動かせる列車はそのまま動かしながら、ダイヤを部分的に修正しつつ、ダイヤの乱れを収束させることもできる。それは、きわめて高度な芸当のはずだが、その方法を瞬時に考えられる人がこの指令室にはいる。そう感じた。

●湘南新宿ラインの操作端末

Ｅ電方面指令のブロックには、湘南新宿ラインの運行管理をする小さな一角があったが、そこにはＡＴＯＳのロゴが入った操作端末はなく、誰も座っていなかった。そこには、マウスが置かれた小さなテーブルがあり、その上にパソコン用のモニター画面が上下２段で並んでいた。

湘南新宿ラインは、山手線のような線区ではなく、複数の線区にまたがり直通運転を行なう系統なので、他の線区のような操作端末がないそうだ。湘南新宿ラインは、東京都心で南北に分かれていた4つの中距離線区（東海道線・横須賀線・宇都宮線・高崎線）を直通運転する系統で、埼京線が通る山手貨物線を経由して副都心の3つのターミナル駅（池袋駅・新宿駅・渋谷駅）に接続している。つまり、既存の線区を利用して、南北に分断されていた線区を副都心経由で結んだものなので、他の線区とは扱いがちがうのだそうだ。

モニター画面の内容は、複雑すぎてよくわからなかった。湘南新宿ラインの列車は、1都5県（東京都・栃木県・茨城県・群馬県・埼玉県・神奈川県）を通り、北は宇都宮や高崎、南は小田原や逗子《ずし》まで足を伸ばすので、扱う範囲が広い。それゆえ、いったん輸送障害が起こると、その影響が広い範囲に及ぶので、広域の線区の情報がぎっしり表示されているのであろうが、一目見ただけでは何がどれを示しているかわからなかった。

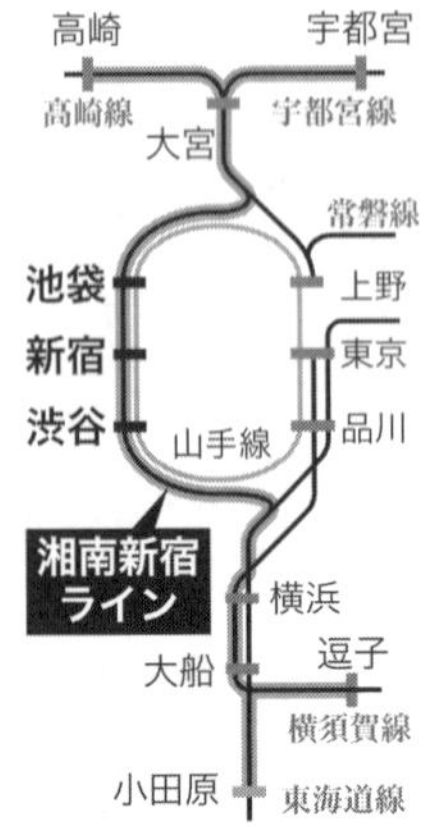

湘南新宿ライン
（2014年9月現在）

指令員は、このテーブルに通常は座っていないが、異常時にはここに座り、関係する線区の担当者と協力しながら対処するそうだ。それがどれだけ大変かは、モニター画面に表示される情報の多さからわかった気がした。

なお、2014年度末には、湘南新宿ラインと同じような直通系統である上野東京ラインが開業するため、同じようなテーブルが設けられるそうだが、筆者が取材したときはまだ準備中だった。

●更新が進むATOS

輸送指令のブロックには、指令員がいない広い一角があり、ATOSの更新準備工事が行なわれていた。ここが将来、中央方面指令のブロックになるという。中央方面指令が運行管理する中央線は、前述したように最初にATOSが導入された線区であり、17年前に運用開始した操作端末が現在も使われている。そこで、現在の中央方面指令とは別のスペースを使ってこのような更新準備工事も行ない、完成後に中央方面指令を移すという。

新しいATOSの操作端末は、現在のものにくらべてすっきりしており、横に長いラックにパソコン用のモニター画面が上下2段でずらりと並んでいた。イメージとしては、液晶ディスプレイと、デスクトップパソコンが横にずらりと並んでいる状態に近く、モニター画面の数が多い点では、テレビなどで紹介される証券取引所に似ていた。モニター画面以外の機器は、コンピュータの性能向上でダウンサイジングが実現し、テーブルの下にコンパクトに収まっていた。

操作端末の変化は、17年間におけるコンピュータなどの発達を示しているとも言える。17年前は、スマートフォンが今ほど普及していなかったし、ノートパソコンも今ほど軽くなかった。そうした状況のちがいが、運行管理システムの機器にも反映されているようだ。

●求められるチームワーク

指令室の仕事は、勤務体系も業務内容も特殊だが、それ以外で一般的な日勤の会社員の仕事とどのような点がちがうのだろうか。鈴木さんに聞いてみると、こう答えてくれた。

「一概に言うのは難しいですが、営業職のように個人の成果は問われず、みんなで一丸となって取り組む必要があるので、とくにチームワークが求められる点ではないでしょうか」

列車が遅れると利用者に迷惑をかけるので、社員で協力し合って、乱れたダイヤはなんとかして早く正常に戻す。そのことに力を注いでいる様子は、指令室を歩いていても感じた。

指令員は、「ふだんお客さまからお叱りを受ける立場」だと鈴木さんは言うが、指令室の一角には大きな掲示板があり、そこに指令員の家族からの応援メッセージや、利用者から寄せられた応援や感謝のメッセージが貼られていた。中には、車両故障で長時間運休したときにネット上に書きこまれた「常磐線がんばれ！」などの激励のコメントも掲示されていた。列車が停まると、鉄

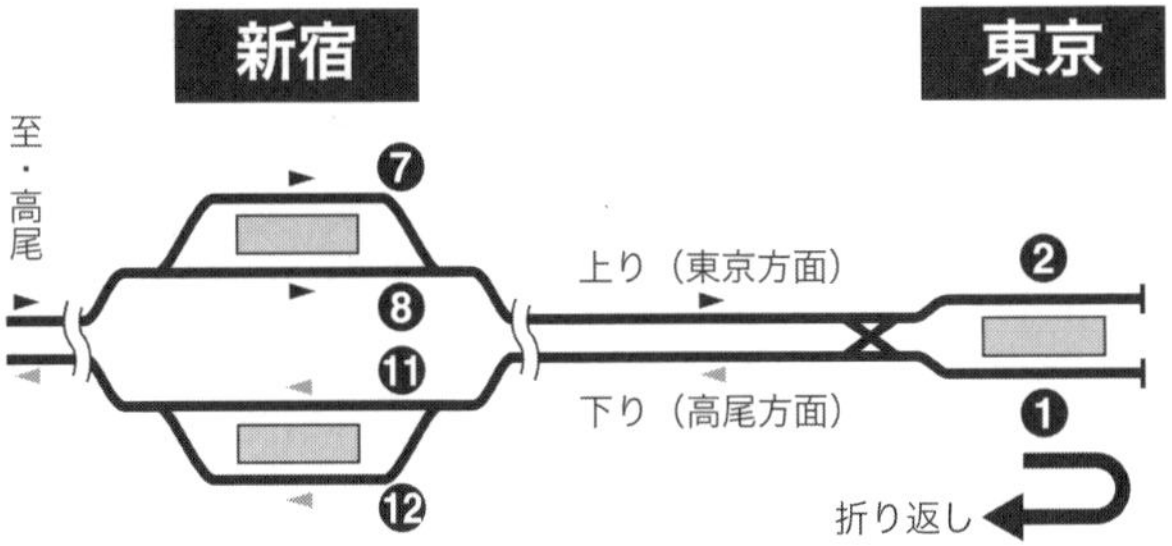

中央快速線（東京～新宿間）の配線略図

道会社は批判にさらされるが、こうして復旧作業を応援する利用者もいる。その1つひとつが、指令室にいる社員のモチベーションにつながっているようだ。

●新宿駅と東京駅を見る

東京総合指令室を見学してから、実際に東京圏の在来線で列車が走り、多くの人を運んでいる様子を見ると、日常的に見ていた駅の風景がいつもとちがって見える。平日の朝のラッシュにおける新宿駅と東京駅の様子を見ながら、指令員の仕事を振り返ってみよう。

新宿駅は、ご存じのとおり、東京圏最大規模のターミナル駅だ。JRだけでなく、民鉄2社（小田急・京王だけでなく、西武を含めて民鉄3社とする場合もある）や地下鉄3路線（丸ノ内線・新宿線・大江戸線）が乗り入れており、西武新宿駅をふくむ1日の平均乗降客数は364万人（2007年）と世界最多で、200以上の出入口があることなどから、世界でもっともにぎやかな駅（busiest station）であるとギネス世界記録に認定されている。

ＪＲ新宿駅は、１日平均乗車人員は約75万人（２０１３年度）でＪＲ東日本の駅でもっとも乗車人員が多い。山手線や中央快速線、中央緩行線、埼京線、湘南新宿ラインの列車が早朝から深夜まで頻繁に行き交い、成田空港や甲府・松本、房総、伊豆、日光・鬼怒川方面に向かう特急列車も乗り入れてくる。

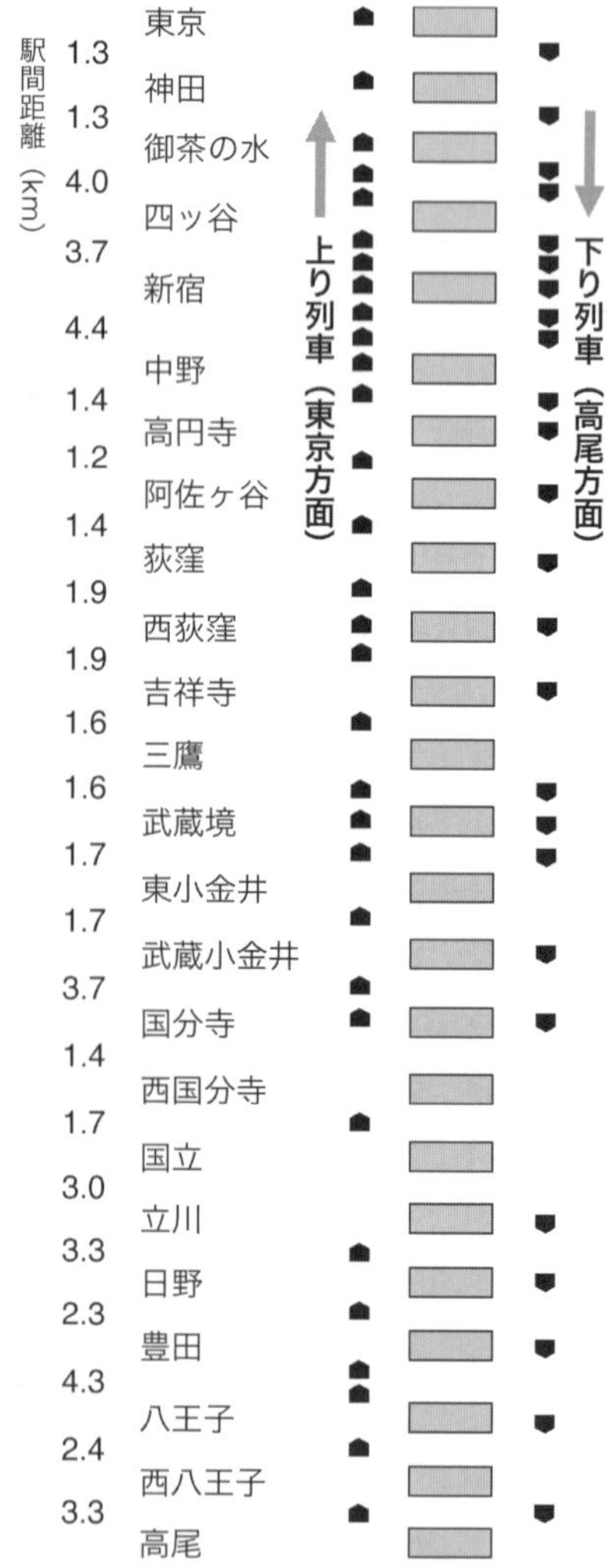

8時30分時点の列車位置・中央快速線（出典・参考文献［5］p173，11-8，一部改変）

中央快速線の列車。ラッシュ時に平均2分間隔で走る（高円寺～阿佐ヶ谷）

平日朝のラッシュ時に、ＪＲ新宿駅の７番・８番のりばに行くと、中央快速線の上り列車が平均２分間隔で到着する。

中央快速線は、ＪＲでもっとも運転間隔が短い線区だ。新宿駅では、オレンジ色の帯を締めた10両編成の通勤電車が、７番・８番に交互に入ってくる。列車がホームに差し掛かってから停車までに約30秒、利用者が乗降する停車時間は約60秒、発車から列車がホームを離れるまでに約30秒、トータルで約２分。このタイミングを７番・８番でずらしているから、平均２分間隔で列車が連続して発着できる。通勤電車のドアが開くたびにホームが人であふれ、階段に人が集中して流れていくのをひたすら繰り返す。

このホームには、５人の駅員が等間隔で立ち、７番・８番を行ったり来たりしながら安全を確認している。かつてはドアに人を押し込む「押し屋」と呼ばれる人もいたが、今は混雑率が下がったためか、あまりいないようだ。

発車時刻が迫り、ドアが閉まると、電車の側面で点灯していた赤いランプが一斉に消えるが、たまに駆け込んで強引に乗ろうとする人がいて、ドアが閉まらなくなり、その車両だけ赤いランプが点灯したままになる。すると駅員が駆け寄って対処する。これだけで10秒ぐらいはすぐに経つ。中央快速線のダイヤは10秒単位で刻まれているので、わずか10秒の遅延でも輸送に影響することがある。

もしこのホームで異常が起きて、列車が5分でも停まれば、列車2本分の輸送力が失われる。現在、中央快速線で使われている通勤電車（E233系）は、10両編成の定員（座席数や床面積から計算される定員などの合計）が1480名なので、満員であれば2960名分の輸送力が消える。実際は定員の2倍乗っていることもあるので、6000名に近い輸送力のロスとなる。

もしこの状況で人身事故が起きて、列車が大きく遅れたら、輸送がどれほど混乱するかは、このことからも想像できるし、駅員がピリピリした表情をしている理由もわかる。輸送が混乱すれば指令室も騒然となることは、これまでの話でもおわかりいただけるだろう。

平均2分間隔で新宿駅を発車した上り列車は、中央快速線の起点である東京駅で折り返し、下り列車となって新宿駅方面に平均2分間隔で発車する。東京駅の1番・2番のりばが中央快速線のホームだが、そこを交互に列車が出入りする。

ホームには下り列車に乗務する運転士や車掌が待機しており、入ってきた上り列車が停車し、ドアが開くと、運転士や車掌が交代する。どの列車に誰が乗るかという運用はあらかじめ決まっているので、1番・2番のりばで列車の先頭と最後尾が来る位置には、ほぼ2分ごとに別々の運転士や車掌が現れ、電車に乗り込むのを繰り返す。前述したように、まさに一定のリズムを刻む機械のようだが、そこに立つのも、その運用を考えるのも「人」である。

列車が大きく遅れれば、そのリズムが崩れるが、輸送指令がダイヤのリズムをもどし、運用指令が乗務員と車両の運用を調整し、営業運輸指令がその遅れを伝える。自然災害などで線路などの鉄道設備が壊れれば、設備指令が復旧工事を手配する。そうした対応に社員が奔走し、東京圏の在来線の輸送を陰で支えているのが、東京総合指令室なのだ。

第2章　指令員の仕事

●現場勤務を経験した人たち

第1章では、東京総合指令室の全体像と指令業務の概要を紹介したが、本章では、指令員の仕事や異常時の対応に迫ってみよう。

この指令室には若い社員が多いが、新入社員はいない。指令業務は、駅や乗務員区、車両保守や保線、工事など、鉄道を直接支える現場と密接な関係があるので、この指令室にいる社員はみな、現場での勤務を経験している人たちだ。

他の部署から東京総合指令室に配属された社員は、訓練を受けて1人前の指令員になる。指令業務は、現場のことはもちろん、複雑な規程などを勉強し、多岐にわたる作業を習熟しなければならないからだ。ここにいる指令長や総括指令長もまた、過去にその訓練を受け、指令員として働いた経験を持っている。

ただし、指令員の訓練方法や業務内容は、所属する部署によって異なる。前述したとおり、この指令室には大きく分けて4つ（輸送指令・運用指令・営業運輸指令・設備指令）の部署に分かれており、それぞれ異なる指令業務をしているからだ。

そのすべてを詳細に紹介するのは難しいので、まずは輸送指令を例に、指令員の訓練方法や業

操作端末に運転整理の情報を入力する輸送指令員

務内容を紹介し、そのあとに輸送指令以外の仕事や、各指令の連携について説明しよう。最初に紹介する輸送指令は、東京総合指令室に所属する社員の約6割を占めるもっとも社員数が多い部署だ。

●特殊な勤務体系

指令員の勤務体系は、出社から退社まで24時間連続で勤務する24時間勤務だ。第1章で紹介した「指導」と呼ばれるベテランの日勤社員を除けば、指令長や総括指令長など、指令業務に直接関わる社員はみな同じ勤務体系だ。24時間勤務は、消防士や警察官など、非常時に備えて待機する業種でも行なわれている。

もちろん、24時間連続勤務と言っても、会社にいる間はずっと業務をこなしているわけではなく、休憩や仮眠、食事などもする。ただ、1人ひとりがそれらの時間をずらすので、指令室には所定の人数がかならずいて、異常時に対応できるようになっている。指令業務をする部屋の外には、休憩や仮眠、食事などをする部屋がある。

指令員は、仮眠をとる時間で「早寝」と「遅寝」と呼ばれる2つのグループに分かれている。「早寝」は、早朝に起きて始発の運転に対応する準備をし、「遅寝」は深夜まで起きて終電の後に運転を終えるための作業をする。ただし、設備指令は夜間工事の管理もするので、仮眠をとるパターンがちがうようだ。

指令員が交代する時間は、朝のラッシュが終わったころ。車内や駅にいる人が少なくなる時間だ。指令室には休みがないので、指令室に所属する社員は交代で休みをとるが、出社日のパターンは曜日に関係ないので、休みの日の曜日は決まっていない。

●輸送指令員の訓練

輸送指令は、前述したように、列車の運行を管理し、駅員や乗務員に指令を出す部署だ。列車に遅れが生じると、その影響を小さくするために奮闘しているのが、この人たちだ。

輸送指令に配属された社員は、まず見習いとして勤務し、指令業務に関する規程などを勉強し、操作端末の操作方法を習熟する。もちろん、見習いが最初から実際の操作端末を操作すると輸送に影響が出る場合があるので、非番のとき、つまり指令室で勤務しない時間に別室でシミュレータ訓練を受ける。

東京総合指令室には、指令業務を行なう指令室のほかに、シミュレータ訓練を行なうための訓練室があり、そこにATOSの操作を習熟するための訓練機がある。この訓練機は、指令室にある操作端末とほぼ同じ機能を持ち、モニター画面に表示する内容を指令員が担当する線区に合わせて変えられるようになっている。つまり、東海道方面指令が訓練するときは、画面の表示内容を東海道方面指令と同じにできるのだ。また、輸送障害などの事象もあらかじめ設定できるので、実際に近い状況をつくり、本番さながらの訓練ができる。

シミュレータ訓練では、指導者から「○時○分に○○線○駅で人身事故発生」というように題目が与えられ、訓練者がそれに対応する操作を行なう。指令電話や列車無線の受け手は誰かが代わりに担当し、駅や乗務員への情報伝達も訓練する。

このとき、指令電話や列車無線における話し方も訓練する。この話し方は、指令員などが使う独特なもので、発音が似ている単語などを聞き間違えるのを防ぐため、発音の仕方や言い回しが工夫されている。

東京総合指令室では、こうしたシミュレータ訓練を年間約340回実施している。回数だけ見ると、ほぼ毎日1回実施する計算になるが、訓練機は2機あるので、1日に2回実施でき、年間約170日実施している。

●複雑な運転整理

見習い期間が終わり、1人前の輸送指令員になっても、いきなり運転整理はできない。運転整理とは、輸送障害などで乱れたダイヤを部分的に修正し、定時運転に戻すことだが、判断を誤ると輸送が混乱するので、責任が重い。このため運転整理は、輸送指令のさまざまな業務を経験し、指令業務を熟知した経験年数が長い指令員しかできない。

輸送指令には、おもに4つの業務があり、伝達・入力・順序管理・計画がある。伝達は、駅や乗務員に情報を伝える業務、入力は、指令計画書に記された内容をATOSの操作端末に入力する業務だ。順序管理は、列車の順序を考える業務で、特急列車などが走る線区では、どの列車をどの駅で先に行かせるかを考える。計画は、運転整理を行ない、指令計画書を作成したりする業務だ。

運転整理は複雑だ。その概要は第1章でも少しふれたが、さらに詳しい話を折井圭さんが説明

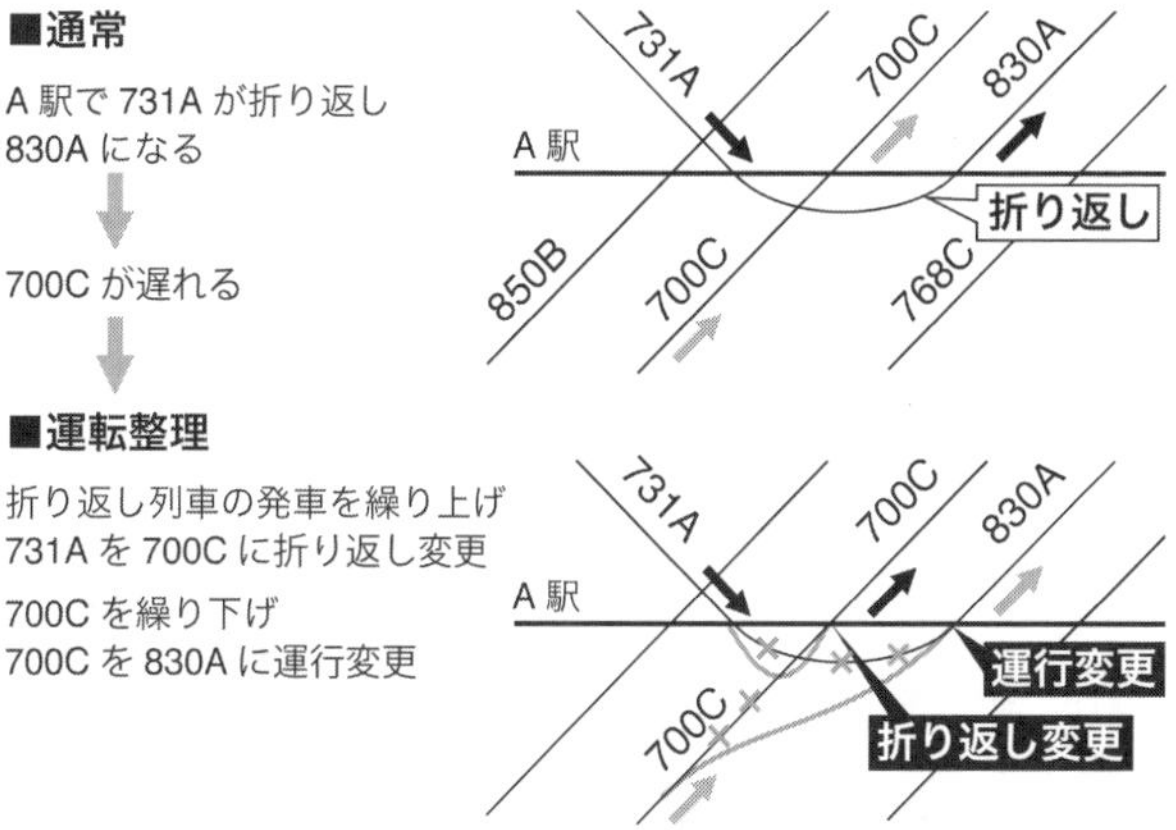

列車遅延時の運転整理の例（出典：参考文献［5］p179，11-13，一部改変）

してくれた。折井さんは、第1章で紹介した鈴木さんと同様に、東京支社広報課に所属しているが、かつては輸送指令のE電方面指令におり、計画を担当した経験を持っている。

現在はコンピュータや通信の技術が発達しているので、乱れた列車のダイヤも機械が自動的に修正してくれると思っている方もいるかもしれないが、実際は今も運転整理は人間が行なっている。その理由を折井さんは次のように説明してくれた。

「電車って、計画どおりには動かないんですよ。お客さまが乗降する時間など（予測が難しい部分が）あるからです。計画の担当は、そこも加味して指令計画書を書くのですが、なかなか理想どおりにはならないんです」

ただし、計画の担当が共有するおおまかな目安はあり、列車の折り返しや、乗務員の交代、乗客の乗降など、それぞれにかかる時間はある程度決めているという。しかし、実際にどんな指令計画書を書くかは、指令員のそれぞれ判断に任される。この判断はコンピュータにはできないので、結局、人間が考えてするしかないという。セオリーはあるがセンスが問われる仕事だ。

指令計画書には、手書きの文字が並んでおり、どの列車をどの駅で折り返しにするか、どの区間を運休にするかが独特な記号を使って記されている。たとえば京浜東北線で「450B（列車番号）を東京駅と上野駅の間で運休にする」は、「450B　トウ―ウエ　ウヤ」となる。駅名はカタカナで、2文字で示す場合が多い。

略字を使うのは、電報で情報伝達していた時代の名残もあるようだが、これなら漢字を使うより早く書けるし、読み間違いをしにくい。もちろん、略字がわからないと内容がさっぱりわからないが、指令員や現場の社員にはわかる。

入力の指令員は、指令計画書の内容に従ってATOSの操作端末に入力する。また、指令計画書は駅や乗務員区にファクスで送り、運転整理することを伝える。

各方面の輸送指令には、伝達・入力・計画の担当者がそれぞれいる（順序管理のみの担当者はいない）。1つの線区で異常があると、その方面の指令員は対応に追われ、操作端末に張り付くが、第1章でも述べたように「初動」と呼ばれる異常発生直後の対応をいかに早く行なうかがその後の結果を大きく左右するので、異常がない方面の輸送指令で手が空いている指令員が応援に駆けつけ、異常があった方面の指令員を助ける。第1章の冒頭で走る指令員がいたのはこのためだ。

ただし、応援に来た指令員が、異常があった方面のATOSの操作端末を操作することはない。あくまでも応援で、指令計画書をコピーして指令員に配ったり、起きた出来事をホワイトボードに書いてまとめるなど、その方面の担当でなくてもできることをしてサポートしている。

●輸送指令員にとって達成感がある瞬間

こうした運転整理の仕事は、先述したように責任が重いが、列車本数が極端に多い山手線や京浜東北線、埼京線などのE電方面ともなれば複雑で、思いどおりにダイヤを平復にするのは容易ではない。それゆえ、自分の思いどおりにいくと「気持ちいい」と折井さんは言う。

輸送障害などで列車のダイヤが大幅に乱れると、60分以上遅れる列車も出てくるが、その様子は指令室の操作端末に表示される。第1章でも紹介したように、ATOSのモニター画面には配線図の上に列車の位置が表示され、その下に遅れが表示されるが、ここに60以上の数字がずらりと並ぶのだ。計画の指令員が、それを見て瞬時に最適な運転整理の方法を考え、指令計画書を書くと、別の指令員が指令電話や列車無線などで駅員や乗務員に伝達し、マウスを使ってATOSの操作端末に入力する。すると、モニター画面に表示された列車が、指令計画書のとおりに動きだし、指令計画書のとおりに駅で折り返す。もし列車の遅れが60分だったとすれば、列車の下に表示された「60」が、駅で折り返すと遅れが1分未満になり、表示なし、または「0」になる。運転本数が多い線区では、列車は「列車群」という群れとして扱われるが、その群れの遅れがある駅で折り返すたびに次々と表示なし、または「0」になる。そういうのを見て、折井さんは指令員時代に「気持ちいい」と感じたそうだ。また、さらにこう付け加えてくれた。

「自分の計画が反映され、定時に戻るまでの時間が短ければ短いほど気持ちいいですね。時間帯と運転整理の手法さえドンピシャで合えば、短時間で定時にできるのです」

ただし、運転整理はどこかにしわ寄せがいき、利用者にも影響を与えてしまうので、いかにそれを最小限にするかを常に考えているという。

先ほども述べたように、異常時の対応では「初動」が重要なので、計画の担当者も、運転整理の判断をじっくり考えている余裕はなく、即決しなければならない。だから異常がないときは、計画担当の指令員は「○時○分に○駅で人身事故が起きたらどうするか」などという課題を自分でつくり、頭でシミュレーションする練習をひたすら繰り返す。こうした練習がなければ、慌ただしい異常時に対策を即決して指令計画書を書くことはできないという。

おそらく、こうした努力があるからこそ、思いどおりに列車が動き、遅れの表示がなくなったり、「０」になると、達成感があるのだろう。

●ダイヤを毎日出力する理由

運転整理と同様に、今でも機械化できず、人間しかできない作業が指令業務にはたくさんある。たとえば、ダイヤを印刷したロール状の紙に定規を当て、線を引いている指令員は今もいる。列車が動く直前になってダイヤが変更になる場合があったり、深夜の保線や夜間工事のために準備する区間などを書き込む必要があるからだ。

第１章でもふれたように、この指令室では専用の大きなプリンターを使って毎日、ダイヤを印刷しているが、折井さんによれば、これは数日後のダイヤで、その日に使うダイヤをその日のうちにプリントアウトしているわけではないそうだ。

指令員は、他の部署からダイヤ変更の連絡があれば、印刷したダイヤに臨時列車や、運休になった列車を鉛筆で書き込む。さらに、施設指令や電力指令から夜間工事などのために一部区間の

ダイヤを見ながら乗務員や車両のやりくりを考える運用指令員

架線の送電を停めるという連絡があれば、それもダイヤに書き込む。だからダイヤは、線や文字が多く書き込まれたものになる。

ここまでは輸送指令の話をしたが、輸送指令は他の指令と調整を行なうことが多いので、ここからは、輸送指令以外の仕事や、各指令の連携について説明しよう。

●運用指令の仕事

運用指令は、第1章でも述べたように、ダイヤに従って乗務員区や車両の保守部門と調整しながら乗務員や車両の運用、つまりやりくりを決めている。乗務員と車両は、どちらが欠けても列車を運転することができないので、これらのやりくりがうまくいかないと、必要な運転士や車掌、車両が確保できなくなり、ダイヤどおりに列車を走らせることができなくなる。

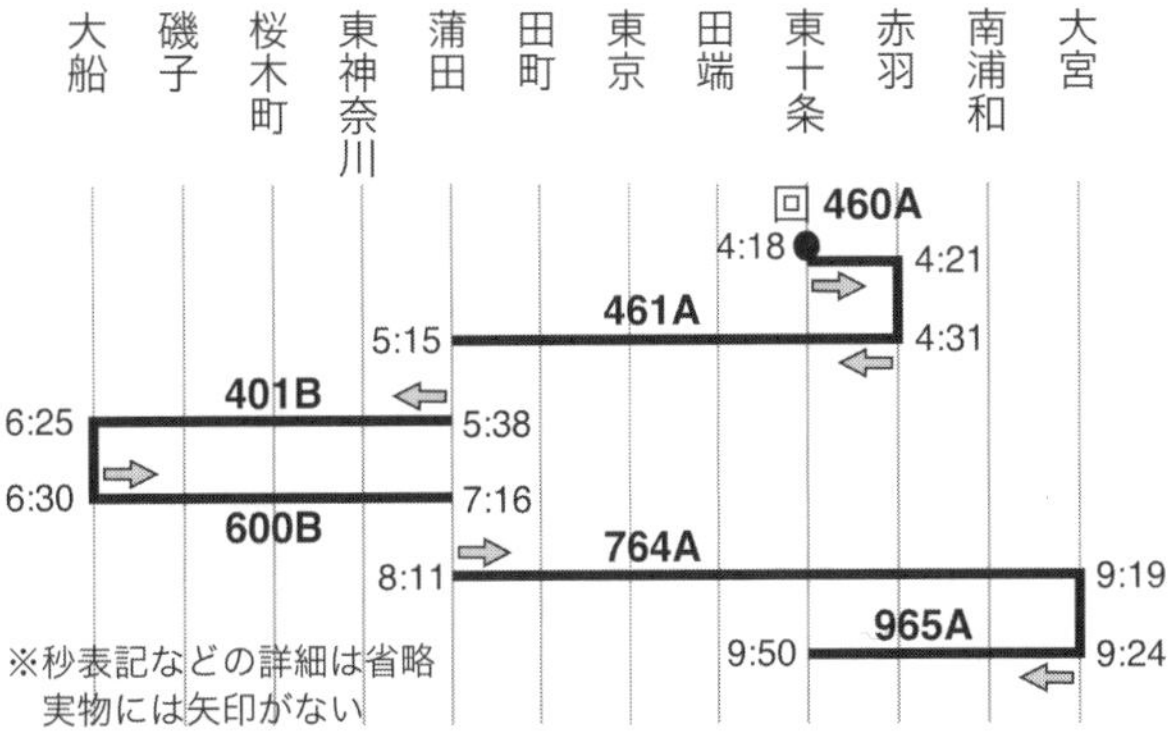

運転士の行路表の例。どの区間でどの列車に乗務するかが一目でわかる（参考文献［5］p157、10-3、一部改変）

乗務員や車両の運用には、制約がある。たとえば、乗務員の1日の労働時間や、車両の定期検査を行なう時期や走行距離はあらかじめ決まっているので、その範囲で運用を考える必要がある。また、同じ線区でも、乗務員が所属する乗務員区や、車両が所属する車両配置区が複数ある場合は、それも考慮しなければならないので複雑だ。

このため、乗務員や車両の動きについては、制約をクリアしたパターンがあらかじめ決めてあり、行路表と呼ばれる書類に記されている。乗務員の行路表（上図）には、1回の乗務が時刻とともに記されており、これを見れば出社や退社の時刻、乗務する列車の列車番号や発車・到着時刻などが一目でわかるようになっている。パターンは複数用意してあり、それらを繰り返すことで、その日運転するすべての列車を動かすことができる。

ただし、ダイヤが大きく乱れると、このパターンどおりに乗務員や車両を動かせなくなることがある。運転整理で運用が変更になった場合は、どこかでパターンを戻せるように調整することが必要となる。また、車両が故障した場合は保守部門に修理を手配するが、長期間の修理を必要とする場合は、代わりの車両を用意しなければならない。

他社との相互直通運転を行なう線区では、JRと他社の車両が混在するため、運転整理で運用が変わると、車庫に戻るタイミングがずれるなどの支障が生じる。このため、運転整理後には、輸送指令と調整しながら、車両の運用を元に戻す「運用戻し」を行なう。

このように、乗務員や車両の運用はわれわれが思う以上に複雑で、パズルのような難解さがあるが、運用指令はさまざまな部署と連携しながら日々対処している。

●営業運輸指令の仕事

営業運輸指令は、輸送指令と連携しながらサービス関連の指令業務を行なっている。運転整理でダイヤが変更になると、駅と調整しながら、遅れたり運休した特急列車の指定席の払い戻しの指示などをしたり、他の列車に振り替えたりする。必要に応じて、新幹線の指令と連携して対処することもある。

運行状況などを広く伝える仕事もしており、テレビやラジオ、ネットメディアを通じて情報を発信している。また、駅の発車標などで見かける利用者への案内テロップ（文字情報）の内容も決めており、列車の運休などの情報を流すときは、情報配信業者に連絡して配信している。

営業運輸指令という名前からは業務内容がわかりにくいが、あらゆる手段を使って情報提供している点では、近年の情報技術の発達の影響を受けている指令とも言える。直接、利用者に対応をしているという点では、われわれが気付かないうちに多くの接点を持っている指令とも言えそうだ。

●設備指令の仕事

設備指令は、線路や駅、信号、通信、電力などの鉄道設備の維持管理をする現場部署に指示を出す指令だ。第1章でもふれたように、4つの指令（施設指令・給電指令・電力指令・信号通信指令）に分かれており、それぞれ異なる指令業務を行なっている。

鉄道設備の維持管理のための工事は、夜間工事として列車が走らない深夜帯に行なうことが多いが、作業の効率や安全を考慮して、リフレッシュ工事と称して日中に集中的に行なうこともある。また、列車が通る線路で行なわれることが多く、作業員が列車と接触する事故が起こる可能性があるので、列車の動きを管理する輸送指令と連携し、安全に工事ができるようにしている。
自然災害などで線路の一部が崩壊し、復旧工事を行なうときも、設備指令が輸送指令や現場部署と調整する重要な役割を果たす。

●終電接続の調整

東京圏では、深夜23時を過ぎると、最終列車（終電）を気にする人が増えるが、そのときは指令員が列車の接続の調整をしている。この調整は、輸送指令だけでなく、営業運輸指令も関わっている。

終電の時間が近づくと、営業運輸指令が輸送指令や駅、他社線と連絡をとり合い、列車の接続調整が必要かを判断し、接続駅での発車時刻などを決める。輸送指令は、営業運輸指令が決めた発車時刻などの情報を関係する駅員や乗務員に伝える。営業運輸指令は通常、高台にいるが、列車が大幅に遅れ、発車時刻の大きな変更が必要になると、関係する線区の輸送指令の近くに行き、接続の手配を行なう。

たとえば上野駅では、23時40分前後に3方面の中距離最終列車（宇都宮線宇都宮行き・高崎線高崎行き・常磐線土浦行き）が発車するが、このとき山手線や京浜東北線が遅れていると、乗り継ぎを考慮して発車時刻を後ろにずらすことがある。その調整を、指令室が駅と連携して行なっている。

●終電後と始発前の緊張

われわれ利用者から見ると、指令員のように列車の運行管理をする人は、終電のあとに「今日も一日終わった」とホッとするように思えるが、かならずしもそうではない。むしろ緊張をすることがあるそうだ。

夜間作業における架線の点検。送電停止後に実施する（JR東日本提供）

東京圏では、E電線区などの多くの線区で0時をすぎても列車が走るが、1時半前にはほとんどの線区で営業運転が終わる。輸送指令はここでひとまず落ち着くが、その後に夜間工事のために架線への送電を停めるための準備を行なうので、緊張感に包まれる。送電を停める前に連絡ミスがあり、誤った電気の停め方をすると、場合によっては、作業員の死傷事故につながるからだ。

まず、終電が終着駅に到着し、車庫などに移動する。そこで電車がパンタグラフを下げると、車庫などの現場から輸送指令に報告がある。輸送指令は電力指令に報告し、電力指令が架線への送電を停める。これらの連絡ミスを防ぐため、復唱したり、名前が似ていて間違えやすい言葉は言い回しを工夫している。

折井さんが指令員だった数年前は、この連絡をするときに指令員がピリピリしていたという。なお、現在はこれらの連絡がほとんどシステム化され、報告などが簡素化されたそうだ。

始発前も、指令員が緊張する作業がある。E電線区などの多くの線区では、始発は4時半以降だが、その30分以上前から、輸送指令の指令員はATOSなどのシステムに異常がないか確認する。また、夜間の工事作業が無事終了しているかを確認し、異常がなく、安全が確認できれば、始発を走らせる。ただし、夜間の工事作業が時間内に終わらず始発の運転に支障があったり、安全が確認できない場合は、運転を見合わせる。こうした運転開始のための連絡が、終電後と同様に緊張するそうだ。

●3・11の指令室

東京総合指令室管内で近年起きた一番大きな輸送障害と言えば、東日本大震災（東北地方太平洋沖地震）で、東京圏の在来線の復旧においてこの指令室が大きな役割を果たした。そのときの様子を、資料から探ってみよう。

東日本大震災は、２０１１年3月11日14時46分に発生した。気象庁によれば、地震の規模（マグニチュード９・０）は国内観測史上最大で、東日本を中心に広範囲で大きな揺れや津波が観測された。筆者は当日鹿児島におり、全線開業を翌日に控えた九州新幹線の取材をしていたため、地震による揺れは感じなかったが、震源からはるか遠く離れたこの地でさえも津波注意報が出て、海沿いを走るＪＲ九州の在来線が一斉に停まった。

この地震ではＪＲ東日本管内の鉄道が大きな被害を受けた。とくに深刻な被害を受けたのは、津波の被害を受けた太平洋岸を通る線区だが、東北をはじめ関東・甲信越を通る広範囲の地震計で一定以上の地震加速度が観測されたため、多くの列車が運転見合わせとなり、鉄道輸送が麻痺した。東京圏でも多くの鉄道が一斉に停まり、鉄道で帰宅できなくなった帰宅困難者が道路にあふれた。

東日本大震災による鉄道の被害や対応について記した資料には、JR東日本が編集し、2013年に発行した『東日本大震災対応記録誌』や『東日本大震災証言集』がある。どちらも当時の様子の詳細を知ることができる貴重な資料だ。

後者の証言集は、当時さまざまな職場にいた社員が記した証言をまとめたものだが、その中には「施設指令が一丸になって取組んだこと」という保線課副課長（施設指令）の証言があり、地震発生時における東京総合指令室の様子が詳しく記されている。該当部分は長いので要約しよう。

地震発生後には大きな揺れがあり、天井の照明設備から埃がヒラヒラ降りてくるのを見て、天井が落下しないかと感じた。棚からはファイルや資料が落ち、「ガタンガタン」と聞き慣れない物音がした。誰かが「余震がくるので注意しろ、天井にも注意しろ」と言った。東京総合指令室管内に設置された82カ所の地震計のすべてが、運転中止か速度規制の規制観測値を観測し、プレダスの警告音が鳴り響いた。頭が真っ白になり、しばらく何をしたらいいのかわからない放心状態だった。上司から「まず家族および同僚の安否確認をすること」と指示を受け、電話で安否を確認し、少し落ち着いた気分になれた。そのあと東京総合指令室内に対策本部が設置され、まず列車などにいるお客さまを救出し、そのあとに線路点検を行ない、運転再開させると

――という指示が出た。

細かい部分は省略したが、この証言を読むと、このような非常時でも冷静な判断をして指示を出し、部下を落ち着かせようとした人がいたことや、この指令室が震災後の復旧作業で重要な役割をしたことがよくわかる。それは日頃の訓練の成果なのだろうが、動揺しやすいときでも「お客さまのために」という考え方が徹底されていたようだ。

なお、震災当日は、東京圏の在来線のほとんどの線区で運転再開ができなかった。観測された地震の規模が大きく、線路に異常がないかを施設の担当者が徒歩で確認しないと運転再開できなかったからだ。たとえば山手線は、郊外に向けて放射状に延びる鉄道のハブとして機能しており、鉄道としての重要性がとくに高い線区だが、線路点検が夕方までかかった上に、新宿〜新大久保間で線路の一部が沈下したのが発見され、復旧工事に時間を要したことも一部影響し、翌朝まで運転再開できなかった。

●翌日以降も続いた混乱

折井さんは当時指令員で、震災当日は非番だったそうだが、翌朝出勤したら指令室が騒然とし

震災翌日、中距離列車の発車標から列車が消えた
（2011年3月12日19時・上野駅中央改札口）

ていたという。まだ運転再開ができていない線区があった上に、列車の運転本数が3〜5割に削減された線区もあり、広範囲のダイヤが大幅に乱れたため、指令室では、第1章の冒頭で紹介したような指令員の声が飛び交う騒然とした状態が1日中続いたそうだ。

その日は、あっと言う間に過ぎたという。折井さんは休憩もできず、5時間以上ずっと座りっぱなしで入力作業に追われ、駅と指令電話でずっと話していた指令員もいたという。ただし、このような状態だったのは、指令室だけではなく、現場もそうだった。折井さんは言う。

「指令がてんやわんやしているときは、現場はもっとてんやわんやしているんですよ。現場にはなかなか情報がいかないですから。なので、本来は指令が

テレビで枝野官房長官（当時）の発表を見る人たち
（2011年3月12日19時・上野駅中央改札口）

一番落ち着いて仕事をこなさなくてはならないのでしょうが、あのときは情報が錯綜していました」

たしかにこの日は、現場の駅員がたいへんな状況だった。筆者は、空港閉鎖で航空機が飛ばない恐れがあったため、この日に九州から新幹線で関東に戻ったが、夕方でも東海道線などの線区が動いていなかった。東京駅や上野駅には帰宅できず途方に暮れた人が多くおり、改札口の駅員は殺到する問い合わせへの対応に追われていた。

また、通常は改札口で運行情報を伝えていた大型ディスプレイには、ＮＨＫ総合テレビの映像が流れ、枝野幸男官房長官（当時）が震災だけでなく福島第一原発事故に関する政府の公式見解などを述べる様子を多くの人が見ていた。また、駅では帰宅するための情報を少しでも得ようとスマートフォンを見ている人が多かったが、ただならぬ状況ゆえにネットを中心にデマが流れることが多く、情報が錯綜していた。

このような異常時に、騒然とした指令室で冷静に指令業務をするのは難しいのではないだろうか。折井さんに聞くと、こう答えてくれた。

「難しいです。もちろん、事故は絶対に起こしてはならないので、あの震災を経験した指令員は、自分がやらなければ誰がやるという責任感があったと思います」

震災からしばらくは、指令員が不足してローテーションできず、在室していた指令員が勤務時間を延長して対応したり、他の部署から元指令員に応援に来てもらうことで、なんとか乗り切ったそうだ。交通機関が麻痺して、出社できない指令員もいたからだ。電車で通勤している指令員の中には、自己判断で歩いて出社した人もいたという。

●電力不足と計画停電

東京圏の在来線は、震災翌日に多くの線区が運転再開したが、そのあとに東京電力管内が電力危機に瀕したため、列車の運休や本数削減を余儀なくされた。地震や津波で東京電力管内の発電所などの電力設備が大きな被害を受け、供給する電力が不足し、「ブラックアウト」と呼ばれる大

節電のため暗くなった秋葉原駅（2011年7月）。列車の間引き運転は、電力需要が逼迫する夏も行なわれた

規模停電が発生する恐れがあったからだ。

このため、JR東日本は、自社で賄っていた電力の一部を東京電力管内に供給したのだが、自社で消費する電力を減らすため、一部線区で列車を間引いた。第1章の給電指令の話でもふれたように、JR東日本は自社の発電所を持つので、列車を減らして東京電力に協力したのだ。

しかし、震災4日目の3月14日から、東京電力が「計画停電」と称する輪番停電を実施したため、JR東日本などの鉄道事業者は、ふたたび一部線区の運休に追い込まれた。計画停電は、電力需要が電力供給能力を超えて大規模停電が起こるのを避けるため、一定の地域ごとに送電の停止と再開を繰り返すものだが、その範囲に鉄道設備があると、列車を動かすことができない。しかも、停電になる地域が変化するので、そのたびにダイヤが変わり、現場や指令室は混乱した。

そのときの様子は、第3章の指令長の話でもふれるが、当時、計画停電の影響を受けたものの1つに踏切があったという。踏切の警報機や遮断機は、電力を供給しないと動かないが、その電力は、JR東日本の自社発電所か、東京電力のいずれかから供給されており、どの踏切がどちらから供給されているのか当初指令で把握しきれていなかった。このため、電力や施設などの担当者が、どの区間ならすべての踏切が使え、安全に列車が走れるかを確認するなどの作業に追われ、指令員が情報を把握するのも難しかったそうだ。

電力不足による列車の間引き運転によって、予期せぬ混雑も起きたそうだ。列車本数が減ったことで、「電車が動かなくなるかもしれない」という憶測の情報が飛び交い、利用者が駅に殺到し、ホームの混雑が激しくなったそうだ。このため、駅から指令室には、「危険だから列車がホームに入る速度を落としてほしい」という連絡が頻繁にあったそうだ。

ホームの混雑を緩和するため、列車の本数を増やしたいところだが、電力が足らないのでそれはできない。そもそも指令室からは駅の混雑状況がどの程度のものなのかがわからない。それゆえ、状況を汲み取りながら運行管理をするのが難しかったと折井さんは言う。

おそらく、当時、東京総合指令室にいた社員はみな、折井さんと同じように奮闘していたのだろう。

第3章　指令長に聞く

取材に応じてくれた指令長。左から営業運輸指令長の滑川さん、輸送指令長（E電方面）の嶋田さん、運用指令長の齋藤さん

第2章では、おもに輸送指令の指令員の仕事について紹介したが、第1章でも述べたように、指令業務をする部署は、輸送指令以外にもある。そこでここでは、直接輸送に関わる輸送指令や運用指令、営業運輸指令の各指令長に集まっていただき、話を聞かせてもらった。輸送指令長はE電方面指令の嶋田さん、運用指令長は齋藤さん、営業運輸指令長は滑川《なめかわ》さんだ。彼らは勤務パターンがそれぞれ異なるため、なかなか一堂に会することがないそうだが、東京支社広報課の方がうまくセッティングしてくれたため、3人そろった座談会が実現した。みなさん、30代ぐらいの男性だ。

●頭で覚えること半分、身体で覚えること半分

まず最初に、どんな方が指令員や指令長をしているのかをあらためて聞いてみた。嶋田さんによれば、指令員

はみな駅や乗務員区などの現場勤務経験者で、指令業務の平均経験年数は2年程度だそうだ。第1章でもふれたように、社員の世代交代が進んだため、平均年齢が低く、指令長をふくめて平成以降に入社した社員がほとんどを占めているという。

指令員のステップアップについては、第2章でも少しふれたが、あらためて聞いてみたところ、嶋田さんが輸送指令を例に説明してくれた。まず他の部署から指令室に配属されると、見習いとして勤務し、規程や取り扱いなどを勉強しながら訓練を重ねる。その後は1人の指令員として、駅への伝達担当、ＡＴＯＳへの入力担当、計画担当へとステップアップするが、計画担当にたどり着くには相当な時間を要する。また、計画担当の上には、担当線区全体の管理を仕切る在線管理担当がおり、一通り経験した人がやがて指令長になる。ただしこれは輸送指令の話で、他の指令ではそれぞれ異なるステップアップがあるそうだ。輸送指令での見習い期間はどれぐらいかと聞くと、嶋田さんが「現在はおおむね1カ月ですね」と答えてくれた。

見習いの期間には、覚えることも訓練することも多いが、実際に異常時に遭遇しないと頭に入らないことが多い。だから、「頭で覚えること半分、身体で覚えること半分」だという。たしかに、あれこれ資料を見て勉強するよりも、実際に操作する人を間近で観察して、自分で手を動かしたほうが頭に入ることはよくある。

●一日を早く感じる仕事

指令業務は、一般的な会社員の日勤業務とは勤務形態も職場環境も異なるが、指令長は一般の日勤業務とどうちがうと感じているのだろうか。聞いてみた。

滑川さんは、「泊まり勤務だと1日が早いと感じますね。気がつくと半年終わっていて、年末になると『もう1年経ったのか』という感じです」と言う。

鉄道の指令室は、窓がない場合が多いようだが、東京総合指令室には窓がある。と言っても、近年のオフィスにあるような大きな窓ではなく、辛うじてある程度の小さな窓なので、室内に日光が入ることはあまりない。指令員は、この窓で外の様子を確認することがあるそうだが、それについて嶋田さんはこう説明してくれた。

「ぼくらは業務を遂行する上で外の天気が気になるんですよ。雨が降っている、風が強い、雪が降って来た、という天気の変化を確認する上では、窓の外の景色は重要ですね」

ただし、窓から確認できる天候だけでは判断できないことが多いので、第1章で紹介したプレダスや、気象情報を発信する会社から詳細なデータを得て、必要な対策について現場に情報を流しているという。また、台風が接近するなどして大きな自然災害が起こる可能性が高まれば、指令室に対策本部を設けるそうだ。

齋藤さんは、2014年2月に大雪が降ったときには、窓の外を見て「うわっ、この勢いで積もるのか」と驚いたという。この大雪では、関東・甲信越で積雪量が観測史上1位を記録した地域もあり、交通網が大幅に乱れた。こうした積雪があると、線路設備などでトラブルが起こることがあるので、外の景色から起こり得る異常をある程度、予測できることもあるという。

運用指令では、大きな自然災害が予測され、運転本数の削減が決まると、それに対応した乗務員や車両の運用を決めておくそうだ。ただし、前述した大雪の場合は、予定されていた間引き運転だけでは対策が足らず、追加で運転計画の変更があり、4日ほど乗務員や車両の運用の調整に追われたそうだ。

嶋田さんによれば、大雪が降ることを予想して列車本数を7割に減らす運転計画を作成したら、予測よりも雪が降らなかったということもあったという。このため、嶋田さんが担当するE電線区では、雪などの悪天候時でも、状況に応じて、山手線や京浜東北線などの列車本数を減らさない場合もあるという。

こうした話を聞くと、小さな窓が果たす役割は大きそうだが、滑川さんが「でも異常時になれば、とても見る暇はありませんよ」と言うと、会議室が笑いに包まれた。たしかに第1章の冒頭で紹介した騒然とした雰囲気では、そんな余裕はないだろう。

では騒然となる異常時に備えて、ふだんは気持ちの上ではどんな取り組みをしているのだろうか。聞くと、嶋田さんが答えてくれた。

「ずっと気分が張りつめているとかえってミスをしてしまう恐れもあるので、異常がないときはできるだけリラックスするように心掛け、異常時になれば気持ちの上でスイッチを入れて、ダイヤ平復に向けて全力で取り組むようにしています。やはりメリハリが大切です」

●列車の位置がわからなかった時代

嶋田さんは、ATOSが導入される前の指令室を知っており、当時の様子を説明してくれた。

「当時は、在線位置（列車の位置）がわからなかったので、異常時には『ピタネット』と呼ばれるものを使って在線位置を把握し、列車の順序管理や運転整理をしていました。今から考えれば原始的なものですが（笑）」

「ピタネット」は、列車番号を書いたマグネットシートをホワイトボードに貼り付けるもので、指令員が外部から得た情報をもとにマグネットシートを並べ、そこからおおまかな在線位置を把握していたようだ。もちろん、リアルタイムの位置を示すことは無理だし、山手線や中央線のように運転間隔が短い線区にも使えない。

では、指令員はどのようにして列車の位置に関する情報を得ていたのか。聞いてみると、指令員が指令電話で駅と連絡をとり、「現発」と呼ばれる情報を聞いていたそうだ。「現発」とは現地発車の略であり、実際の発車時刻を指す。指令員は定刻と現発との差を頼りに列車の位置を推測していたが、規模が大きい駅のように線路の配置が複雑なところでは、それだけでは推測しにくい。そこで、ダイヤが大きく乱れたときにどの列車を先に行かせるかなどの順序管理や、ダイヤを平復にする運転整理をするときに補助的な手段として「ピタネット」を使っていたようだ。

今からは信じがたい話だが、東京圏の在来線の運行管理は、つい最近まで「列車が今どこを走っているか」がわからないまま行なわれていた。大手民鉄の指令室では、1960年代からCTCとともにリアルタイムの在線位置を示す装置が導入されていたが、東京総合指令室ではその列車本数に対応できるシステムがなかったため、ATOSが普及してようやく在線位置が確認できる線区が増えた。それまでは、指令員は、駅に電話する以外、在線位置を知る手段がなかった。しかも、JRや、その前身である国鉄では、列車無線の導入が遅れたため、指令室には電話しか外部との情報伝達手段がなかった時代がある。

東京の電車は、世界でもっとも時間に正確と言われ、世界に類を見ない高密度輸送を実現しているが、じつはその大部分が少し前までこんな状態だったのは驚きだ。その理由や背景については、第4章でくわしく説明することにしよう。

嶋田さんによれば、ATOS導入前にくらべると、現在は列車の遅れと位置が把握できるようになった分、輸送指令の仕事はかなりスムーズになったという。また、ATOSの導入によって、駅のホームにある発車標と呼ばれる電光掲示板に列車の行き先や発車時刻を表示できるようになり、利用者への情報提供が格段に進化したと説明してくれた。

●乗務員への情報伝達の変化

続いて、指令長たちが昔と今で変わったと思うことについて聞いてみた。最初に聞いたのは、情報伝達手段の変化だ。

近年は、乗務員には業務用の携帯電話やタブレット端末が配布され、かつてよりも連絡がとりやすくなったようだ。では、どのように変わったのだろうか。

齋藤さんは、乗務員が仕業ごとに所持する業務用の携帯電話について話してくれた。デジタル無線が導入される前のアナログ列車無線においては、電波の受信状況が悪くて通話がしづらい「難聴箇所」が多かったので、携帯電話を乗務員に持たせるようになったそうだ。現在はデジタル無線の普及で難聴箇所は減ったが、業務指示や、列車無線が混雑して使えないときのバックアップになっているという。業務指示として、乗務員が乗る列車が直前になって変更になるときも、携帯電話が使われることがあるそうだ。

嶋田さんは、乗務員区所から、乗務員が持つタブレット端末に直接、時刻表をメールで送信できるようになったという。列車番号に「M」がつくことから「M電線区」と呼ばれる中距離線区では、乗務員が持つ時刻表（乗務する列車の各駅における到着・発車時刻などを記したもの）を駅や乗務員区にファクスで送ることがあり、乗務員がそれを取りに行く必要があったが、今は各乗務員に直接、送信できるようになり、異常時でもすぐに乗務員が確認できるようになったという。

●車両の世代交代

東京圏の在来線では、電車（車両）の更新が進み、国鉄世代の車両がほとんど消え、ほとんどがJR世代の車両になったが、車両の運用面で何か変化はあったのだろうか。齋藤さんに聞くと、線区ごとに新しい車種に統一され、保守や管理がしやすくなったそうだ。

ただし、新しい車両には、国鉄世代の車両にはなかった管理の難しさもあったようだ。国鉄世代の車両は、機器の構造がシンプルで、乗務員などが修理したり、応急処置をできる場合が多か

中央快速線の201系（左）とE233系。E233系のほうが車体幅が広く、定員が少し多い

ったが、新しい車両では、機器のブラックボックス化が進み、現場で修理するのが難しい場合があり、車両故障で半日、列車が停まってしまい、輸送に大きな影響を与えたこともあったそうだ。現在は機器の二重系化が進み、1系統が故障しても、もう1系統で運転を続けることができるようになったので、長時間にわたって動かなくなることはあまり起こらなくなったという。

また、第1章でも紹介した車両故障情報伝送システムを導入した車両が増えたため、故障への対応もしやすくなったそうだ。運転台のモニター画面に表示される機器の状態が、デジタル列車無線回線を使って運用指令や車両配置区のパソコンでも表示できるので、車両に詳しい社員が状態を確認しながら現地で対応する乗務員に助言や指示ができるようになったそうだ。

近年は車体幅が広く容積が大きいワイドボディの電車が増え、混雑が緩和したという。たとえば中央快速線における通勤電車10両編成の定員は、ワイドボディではなかった201系は1400名だったが、ワイドボディ化した現在のE233系は1480名に増えた。

東京支社広報課の谷本仁さんは、近年は少しずつ列車の運転本数が増えているし、1990年に編成が10両から11両になった山手線のように、1列車の車両を増やす編成増強をした線区もあり、ワイドボディの電車の導入とともに混雑緩和につながっているのではないかと言う。

●情報に敏感に

少し指令室の話からは離れてしまうが、利用者への案内について聞いてみた。現在は東京圏の在来線の運行状況をさまざまな手段で得られるようになったが、これで利用者からの問い合わせは減るなどの変化があったのではないだろうか。もちろん、利用者から指令室に直接、問い合わせがいくことはないが、情報発信の一翼を担う営業運輸指令の滑川さんはそのあたりをどう感じているのだろうか。聞いてみると、こう答えてくれた。

「むしろお客さまは情報に敏感になっていますね」

現在は情報技術だけでなく、ツイッターやフェイスブックなどのツールのおかげで、個人が不特定多数に情報を発信できるようになったので、JR東日本が発信する運行状況よりも、これらのツールから発信される情報のほうが早く得られることがある。ただし、信憑性の問題があるので、整合性もふくめて利用者からの問い合わせはあるそうだ。また、情報を得る手段が発達した分、問い合わせの内容が変わっているのではないかと、滑川さんは言う。

谷本さんは、問い合わせの件数に関する具体的な統計データはないが、お客さまは以前よりも情報を得やすくなったし、その分、選択肢が増えたのではないかと言う。近年はスマートフォンが普及したこともあり、誰でも欲しい情報をその場で得られるようになった。それに加え、JR東日本は、利用者のニーズに合わせてタイムリーな情報を提供するという取り組みを前々からしており、ホームの発車標や、改札口や車内の情報画面に運行情報を流したりしているし、利用者からの問い合わせに対応できるように乗務員や駅員にタブレット端末を配布している。そのため、われわれ利用者は、かつてよりもさまざまな情報は得られるようになったし、1つの線区が停まっても、迂回ルートなどが見つけやすくなったので、選択肢が増えたのではないかと言う。

なお、乗務員や駅員がタブレット端末を使って利用者に案内するときは、JR東日本のウェブサイトに表示される時刻表や駅構内図などを使うそうだ。たしかにJR東日本のウェブサイトは、最近になってデザインが変わり、タブレット端末でも操作しやすいようにボタンが大きくなっている。

●指令長から見た年末年始

毎年、年末年始は、東京の鉄道は初詣や帰省をする人でにぎわうが、この時期は指令長から見て通常と何かちがうことはあるのだろうか。聞いてみると、まず齋藤さんが乗務員の運用についてこう答えてくれた。

「臨時列車を運転する線区では、乗務員を増員して対応しています」

広報の谷本さんによれば、年末年始には初詣客が多い線区で終夜臨や初詣臨と呼ばれる臨時列車が走るそうだ。終夜臨は、大晦日に深夜から早朝まで走る臨時列車だ。なお、このような臨時列車がない線区では、乗務員の増員はなく、乗務員区もふだんと変わらない状態だそうだ。

では、初詣客がとくに多いのは、東京総合指令室管内ではどこなのだろうか。滑川さんが答えてくれた。

「おそらく山手線だと思います。明治神宮など、沿線に初詣のお客さまが集まる場所がありますし、終夜臨の運転間隔を基本的に一番短くする線区ですから」

環状運転する山手線。年末年始は増発や終夜運転が行なわれる

滑川さんによれば、年末年始には、営業運輸指令が初詣の参拝客が集まる駅に対して「自動改札機を一時的に開放します」という情報を流したり、鉄道に不慣れな利用者がいて、「切符の買い方がわからず乗られた方がいる」という情報を乗務員から受けることがあるそうだ。ただ、明確なデータはないが、肌感覚として、年末年始は普段より異常時が少ないと感じるという。

嶋田さんは、「最近は初詣だけでなく、各地のイベントに行かれるお客さまも増えてきていると思います」と言う。たとえば、東京圏の南側では、かつては初詣を目的として鎌倉へ行く人が多かったそうだが、今は、みなとみらいに隣接する桜木町駅で乗降客が増える傾向があるのだそうだ。たしかに最近は、東京圏の各地で開催されるカウントダウンイベントが増えているので、初詣ではなく、そちらに行く人も多いのだろう。

●年始に起きた有楽町駅沿線の火災

列車は、沿線火災のような外的要因で停まってしまうこともあるが、そんなときはどう対処するのだろうか。2014年1月3日に有楽町駅周辺で発生した火災を例に聞いてみた。年始のUターンラッシュにちょうど重なった輸送障害だ。

当時の報道によれば、この火災は早朝の6時半ごろに発生し、その影響で近くを通る東海道新幹線は5時間半、東海道線や山手線、京浜東北線は一部区間で6時間以上運転を見合わせた。JR東日本が運営する在来線3線区では、125本の列車が運休し、240本の列車が遅れ、約27万人に影響した。

嶋田さんは、このときに3線区（山手線・京浜東北線・東海道線）で途中駅折り返しを行ない、有楽町駅付近を除く区間で輸送を確保したことを説明してくれた。このとき山手線の列車は田町《たまち》駅と池袋駅で折り返しを行なって田町〜新宿〜池袋間の運転を続行し、京浜東北線は上野〜品川間だけ運転見合わせにして、上野駅以北と品川駅以南で運転を続行した。山手線の途中駅折り返しや、京浜東北線の上野駅折り返しは、過去にほとんど例がないが、この日、実施に踏み切った

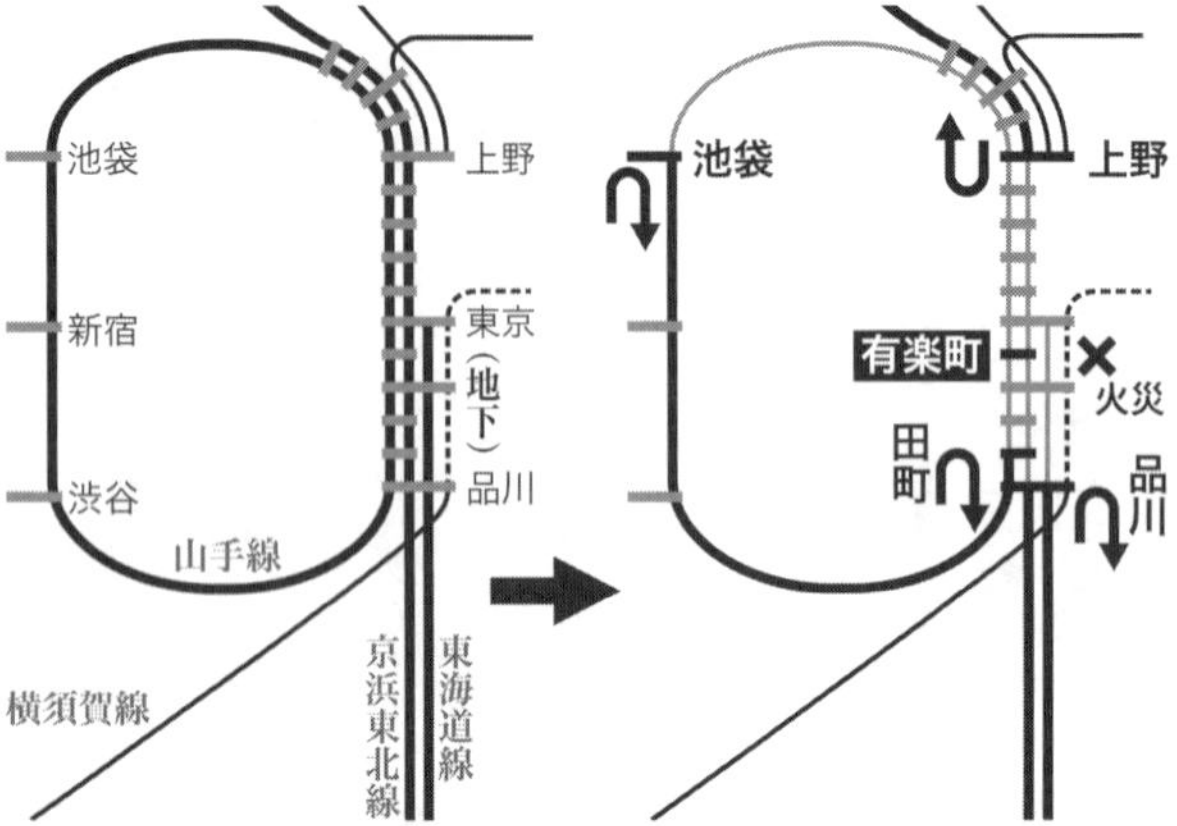

有楽町で火災が発生したときの状況略図（2014年1月3日）。火災現場付近が復旧するまで、３線区で途中駅折り返しを行なった

という。なお、東海道線も、東京〜品川間を運休にして品川駅で折り返しを行ない、特急列車も同様に品川駅始発に変更したそうだ。

広報の谷本さんによれば、山手線の途中駅折り返しは、これが初めてと言われているそうだ。山手線は環状運転を行なっており、従来は部分的に動かすのが難しいとされたため、1カ所でも異常があると、環状の全区間で運転を見合わせていた。しかしこの日は、指令員がなんとか動かそうとしたことと、駅や乗務員区への周知徹底などができたこともあり、途中駅折り返しが実現したそうだ。ただし、駅員は利用者への案内をする必要があり、だいぶ苦労があったようだ。

齋藤さんは、当日は非番だったそうだが、このときの運用の難しさを説明してくれた。ふだん折り返しを行なわない途中駅で折り返しをするには、乗務員や車両の運用でさまざまな条件をクリアしなければならないそうだ。

たとえば運転士は、どの線区でも運転できるわけでなく、訓練を受けた線区や経路しか運転できないので、この日は折り返しに対応できる運転士が限定された。折り返しに使われた山手線の田町駅や京浜東北線の上野駅の線路設備は、ふだんは折り返しに使われないため、限られた運転士で回すしかなかったそうだ。

車両の運用にも難しさがあった。たとえば、山手線で田町〜池袋間の往復運転を繰り返してから環状運転に戻そうとすると、車両の運用管理が複雑となり不都合が生じやすくなるが、運用指令と車両配置区が協力することで、車両のやりくりを調整し、乗り切ったそうだ。

京浜東北線は、山手線とは異なる運用の難しさがある。山手線は、乗務員が所属する乗務員区が2つ、車両が所属する車庫が1つだが、京浜東北線は南北に長く、直通する根岸線と合わせると全長が80キロを超えており、乗務員区や車庫が山手線より多く、分散している。また、運転士が運転できる範囲やできる作業が所属する乗務員区によって違っており、車両を車庫に回送するときも、運転できる運転士が限定される。これにより、分散した車庫に決まった本数をしまい込む手配も複雑になる。つまり、乗務員や車両の運用面での制約が多く、運転整理に対した乗務員

東京駅を発着する特急列車「スーパービュー踊り子」。車内販売員も乗務するため、運用変更が難しい

や車両の運用を考えるのが難しいのだ。

このため、従来はふだん行なわない折り返し運転に対応するのが難しかったが、近年は運転士が運転できる範囲を広げたり、できる作業範囲を拡大するなどの取り組みが行なわれたこともあり、乗務員の運用が柔軟にできるようになってきたそうだ。ただし齋藤さんによれば、京浜東北線と根岸線を担当する乗務員の数が多いため、所属する乗務員区ごとに訓練計画を立てるのがひと苦労だそうだ。

東海道線では、特急列車に乗務するＮＲＥ（ＪＲ東日本のグループ企業である日本レストランエンタプライズ）の車内販売員の手配にも苦労があったという。下り特急列車に乗務する車内販売員は、通常は始発駅である東京駅から列車に乗り込むが、この日は品川駅から乗り込まなくてはならなかった。しかし、東京〜品川間は東海道線や山手線、京浜東北線では移動できない。同区間では唯一、地下を通る横須賀線が動いていたが、車内販売用のワゴンを持って移動するのは難しい。そのため、現場や運用指令が苦労して、車内販売員を品川駅に送り込んだという。

●柔軟になった乗務員の運用

読者の方の中には、「この駅に折り返しができる線路があるから、これを使って折り返せばいいじゃないの?」と思う方もいるだろうが、線路があっても、乗務員や車両がやりくりできなければ、列車の折り返しはできない。前述したように、そのやりくりは制約が多くて複雑なので、ダイヤが乱れて運用のパターンが崩れると、戻すのが容易ではない。もしやりくりができて、途中駅折り返しが実現しても、駅員がそのことを把握し、アナウンスなどで案内しないと、われわれ利用者は混乱してしまう。このため、途中駅折り返しは簡単にはできないそうだ。

しかし、東京圏の在来線では、ここ数年になって、有楽町駅付近で火災があったときのような途中駅折り返しがよく行なわれるようになった。これは乗務員や車両の運用が従来よりも柔軟にできるようになったことによるところが大きいと齋藤さんは言う。駅や乗務員区、車庫（車両配置区）などの現場に「お客さまのためにに列車をできるだけ動かそう」という考え方が浸透し、従来はできなかったことが徐々にできるようになったからだそうだ。

齋藤さんによれば、車両の運用よりも乗務員の運用のほうが即断即決を求められ難しいそうだ。乗務員は、それぞれできる作業内容が異なるし、一度に乗務ができる時間の上限が決まっているので、車両よりも制約が多く、運用が容易でないという。

ただ近年は、現場社員の間で「乗務員は担当する線区に関して一通りできるようにしよう」という意識が高まり、京浜東北線の運転士の話でもふれたように、乗務員ができる範囲を増やすなどの訓練が進んだため、乗務員の運用上の制約が減り、途中駅折り返しが従来よりもスムーズにできるようになったそうだ。

●震災後は毎日がダイヤ改正

第2章では、東日本大震災直後の指令室の様子を紹介したが、そのとき3人の指令長は指令室にいなかったようだ。ただ、指令室と接点があった滑川さんは、当時を思い出し、こう話してくれた。

「震災直後は、ほぼ毎日がダイヤ改正という状態でした。計画停電が半月ぐらい続き、列車の運転本数の削減をしていたのですが、そのパターンが毎日、変わるんですよ。だから指令は、毎日がダイヤ改正のような日々をすごしたはずです。ダイヤの変更によるさまざまな手配を毎日しなくてはならなかったので」

当時、滑川さんは、他の部署で指定席計画を担当しており、営業運輸指令と接点があったそうだ。指定席計画とは、どの特急列車に指定席をいくつ用意するかなどを計画することで、各支社や営業運輸指令などと調整して進める必要がある。ところが震災後は、計画停電の影響で運休する線区や、消費電力の削減のために列車本数を減らす区間が毎日、変わった。計画停電にはある程度のパターンがあったが、それでも日ごとに変わる状況に対応しながら関係部署と調整するのは容易ではなく、「毎日がダイヤ改正のようでもういやだ」と思いながら、四苦八苦して仕事をしたのを、今でも鮮明に覚えているという。

当事者が語る「毎日がダイヤ改正」という言葉には重みがある。ダイヤ改正は輸送計画の変更なので、鉄道会社の社員はその前が準備で忙しい場合が多いが、それが毎日となれば、1日の作業量は当然のように膨大になる。震災後には、そうした対応を迫られた人が指令室に限らず多かったことが窺える。

●時代の変化にも対応

最後に、各指令長からPRしたいことを聞いた。

嶋田さんは、日々、高まる利用者のニーズを反映して、ダイヤ形態や運転整理のスタイルが変わり、かつて困難だった途中駅折り返しも積極的にできるようになったことをアピールしたいという。また、日々進化する運行管理や信号などのシステムの変化に対応しながら、なによりも絶対に事故を起こさないように取り組んでいきたいという。

齋藤さんは、運用指令は、指令室の中でもとくに人間系、つまり機械ではなく人の力で大部分の仕事をこなしていることを知ってほしいという。当日、指令室管内で働くすべての乗務員や車両の動きを把握するため、それらの動きを示す図表（行路表）をつくるのは苦労が多いようだ。また、利用者に快適な車両を提供するという使命があるので、空調やトイレの故障などが発生した際には、車両交換や修繕手配を早期に行なうよう最大限の努力をしたいという。

滑川さんは、営業輸送指令の立場で、「お客さまのために少しでもできることがあれば」を常に念頭に置いて、情報提供などの業務を進めていきたいと語る。近年の情報提供手段の発達や、上野東京ラインの開業にも対応していきたいという。

3人の指令長の話に共通するのは、「お客さま目線」の考え方だ。これが、駅員や車掌のように接客をする社員に徹底されているのは、他の取材を通して感じたことがあるが、指令室のように接客をしない社員にも徹底されていると感じた。

本社広報部から提供された東京総合指令室のパンフレットを開くと、「すべてはお客さまのために」という文字があった。その姿勢が指令室の社員だけでなく、現場の社員にもたしかに浸透したから、途中駅折り返しなどのきめ細かい対応ができるようになった。鉄道を動かしているのは、やはり「人」なのだと改めて感じた。

第4章　総括指令長に聞く

●指令業務を総括するリーダー

各指令長に続き、その上にいる総括指令長にも日々の指令業務について聞いてみた。総括指令長は、大きな輸送障害があったときに指令業務を指揮する人だ。指令員や指令長と同じように24時間勤務をしているため、この指令室には4人の総括指令長がいるが、その1人である竹原新二さんがちょうど勤務が終わったあとに取材に応じてくれた。

総括指令長の竹原さん

まず竹原さんに東京総合指令室の特徴を聞いてみると、こんな答えが返って来た。

「他の鉄道の指令室を見学することもあるのですが、他の指令室とくらべると、ここは面積や大きさ、指令員の数からして（規模が）すごいですよね」

竹原さんによれば、他の鉄道事業者と協力して、お互いの指令室を見学し合うことがあるそうだ。たとえば、JR東日本や京急、東急など、横浜駅を通る鉄道を運営する会社や交通局は、年に1回、情報交換のための会議を開いており、そのたびに各鉄道の指令室を見学することがあるという。

その経験から言うと、東京総合指令室の規模は、他の指令室よりも極端に大きいようだ。ここでは指令が担当する線区が多い上に、範囲が広いので、指令員の数も他の指令室よりずっと多いという。

●指令員は耳をダンボに

総括指令長は、通常は高台と呼ばれる指令室の中央におり、指令室全体の状況に気を配っている。高台は、第1章でも紹介したように床が高く、見通しがよい場所だが、竹原さんは視覚だけでなく、聴覚も駆使して指令室全体の状況を把握しているという。指令室で何かあると、警告音が響くし、指令員の声や、指令員が慌ただしく動く音が聞こえるので、音に敏感で、何もなくても音を聞いているそうだ。これは、総括指令長だけでなく、指令員や指令長にも共通するそうだ。

「昔からの教えなんですが、指令員は耳をダンボ（ディズニー映画に出てくる耳が大きい子象）にしないとダメと言われるんです。机に向かってなにか作業をしていても、耳はこう（両耳に手を当てるように音を拾い集める）だぞって」

竹原さんによれば、高台にいると、指令室全体の状況がすぐわかり、指令員に「あれ？」と思うような慌ただしい動きを察知すると、高台を降りて、「何かあったの?」と聞きに行くそうだ。

指令室で鳴る警告音には、第1章の冒頭で紹介した「ピピピ」という異常を検知した音以外に、「ピンポンピンポン」という防護無線の音があるが、防護無線の音を聞くと、「人身事故か?」と真っ先に思うのだそうだ。

防護無線(列車防護無線装置)は、人身事故を知らせるものではなく、もともとは併発事故が起こるのを防ぐ無線装置だ。日本では、1962年に常磐線三河島駅構内で3本の列車が衝突した事故の発生を教訓に導入された。

防護無線は、異常を発見した運転士または車掌が周囲の列車に知らせ、停車させたいときに使う。たとえば複線区間を走る列車の運転士が線路に立ち入る人を発見し、ボタンを押せば、反対方向から接近した列車も停めることができ、事故を未然に防ぐことができる。

指令室では、管理する線区で運転士や車掌が防護無線のボタンを押した情報がすべて届くので、防護無線の音を聞く機会が多く、1日に20回以上聞くこともあるという。それが人身事故の発生を知らせるときによく使われるため、指令室の社員は「ピンポンピンポン」という防護無線の発報を知らせる音を聞くと、人身事故の発生を予見するそうだ。

指令室に届く情報は、事故の発生や、その前兆となる状況に関するものだけではなく、もっと細かいものもあるそうだ。

「今お客さまがホームから落ちました」

「ホームで転倒して頭から血を流しているお客さまがいる」

「車内で急病のお客さまがいる」

「駅でお客さまがケンカをしている」

このような情報が駅や列車から届くことがあるため、「○○○A（列車番号）の○号車に急病人がいるから確認してください」などというように、駅員や乗務員に状況確認や対処を指示することもあるという。

ここからは竹原さんなどの社員から聞いた話ではない余談だが、スマートフォンのアプリで運行状況を見ていると、意外な理由で運行が影響していることに驚くことがある。鉄道で起こる珍しい出来事の例として、ネットで話題になったものを2つ紹介しよう。

2011年6月20日には、中央線で列車が鹿と衝突し、高尾～甲府間で運転を見合わせたが、このときJRが発信する運行情報の原因に「シカと衝撃」と表示され、話題になった。鉄道ではこのような場合「衝突」ではなく「衝撃」というためこうなったのだが、一般になじみにくい表現なので、現在公表している運行情報では「衝突」を使っているという。中央線は、東京圏では過密ダイヤの通勤路線のイメージが強いが、高尾駅以西では山間部を通るため、動物との接触事故があるようだ。

2014年5月23日には、京葉線の列車が南船橋駅におけるトラブルで遅れた。このときユーザーが投稿するタイプの運行情報サイト「ジョルダンライブ!」には、原因などを示す詳細欄に「ロッテファンと巨人ファンのケンカ」と掲載され、話題になった。もちろん、これはJRが発信した情報ではなく、本当に野球ファン同士のケンカによるものなのかは断定できないが、こうした些細なことで列車が遅れることはあるようだ。

これらは、輸送障害のほんの一例で、実際はいろいろな事象がある。現在は指令室に入ってくる情報が増えた分、指令室で対処することが増えたようだ。

●変化した指令業務

竹原さんは、ATOSが導入されていなかった1989年に輸送指令員として勤務した経験があるそうだが、そのころと今の指令室では、指令員の配置からしてちがうようだ。現在は、1つの方面の輸送指令に指令長が2人と指令員が10人以上おり、3~4線区の運行管理を掛け持ちで行なっているが、当時はそうではなかった。

「あのころは、1線区を1人でやっていたんです。たとえば、4線区（東海道線・横須賀線・東海道貨物線・京浜東北線）を、指令長1人と指令員4人の計5人でやっていたんです。今じゃ考えられないでしょ」

当時の指令員の数が今より少なかったのは、現在、指令室が行なっている業務の多くを駅でやっていたからだ。たとえば、上野駅のようにホームが多い駅では、「この列車を○番線に入れる」という判断を、現在は輸送指令がしているが、当時は駅が判断していた。列車の在線位置や遅れなどの運行情報も駅が管理していたが、それは現在のように指令室でリアルタイムの情報を入手することができなかったからだ。

このため当時の輸送指令は、第3章でもふれたように、駅から指令電話で聞く運行情報を頼りに、目に見えない輸送状況を把握するしかなかった。指令員にできることは、輸送障害が起きたときに運転整理する計画を立てて、それを口頭で現場に伝えることだけだったので、「指令員は1線区1人でよい」とされていたそうだ。

現在は指令室が現場にさまざまな情報を流しているが、当時はそのような余裕はなかったという。そもそも当時の指令室は、前述したように運行状況を正確に把握できない状態であり、むし

現場と連絡しながら対処する指令員

ろ現場から情報をもらう立場だったからだ。また、当時はインターネットなどの情報技術が発達してなかったこともあり、今ほど情報が重要だという意識が社会全体になかったそうだ。

当時は大きな輸送障害が起こると、指令室に入る情報が減り、運行状況がますますわからなくなったそうだ。駅が輸送障害の対応に追われ、指令室の相手をできなくなるからだ。

このようなときは、駅に情報伝達専門の指令員を派遣し、運行状況を指令室に伝えてもらうことがあったそうだ。もちろん、指令室にいる指令員は手一杯で、駅に行く余裕はないので、休みの指令員を呼び出して、主要駅に行ってもらい、「○○○M（列車番号）は2分遅れで出ました」というように、駅で見た列車の状況を電話で指令室に伝えてもらったこともあったそうだ。もちろん、当時は携帯電話が普及していなかったので、駅の固定電話や公衆電話を使っていた。

現在は、ハード面が大きく変わったが、それでも当時と変わらない点もあるという。現在はATOSや、電話以外の情報伝達手段の導入によって、指令室が多くの情報を把握できるようになり、運行管理も容易になったが、それでも指令室ではわからないことがあることや、指令室と現場の細かい調整が必要であるなどは、今も昔も変わらないそうだ。

このため、社員の訓練の一環として、指令室と現場の社員が勉強会を兼ねた打ち合わせもしているという。指令員はみな現場の勤務を経験しているが、それでも指令室にいるだけでは把握できない現場の状況もあるので、現場との勉強会を機に確認に行くそうだ。たとえば、規模が大きい駅で勉強会をするときは、指令員がその駅をよく観察し、駅の構造を改めて見て把握し、信号機がどこからどのように見えるかなど、現地の詳細を目で確認して、駅の社員との話し合いに臨むそうだ。こうした取り組みの積み重ねも、指令業務に生かされているのだろう。

●武蔵野線を変えたATOS

第3章でもふれたように、近年は従来できなかった途中駅折り返しが徐々にできるようになった。これは、ＡＴＯＳの導入だけでなく、「動かせるところは少しでも動かそう」という社員の意識が高まり、指令室と現場の連携で実現したという。第3章では、山手線や京浜東北線の例を紹介したが、竹原さんはこう話してくれた。

「ＡＴＯＳを入れて東京圏で一番よくなったのは、おそらく武蔵野線ではないでしょうかね」

武蔵野線は、２０１２年にＡＴＯＳが導入されたが、その前までは途中駅折り返しがほとんどできなかったそうだ。武蔵野線は、比較的新しい路線であるため、東京圏の在来線では早期に運行管理に機械が導入されたが、その操作端末はＡＴＯＳのものほど操作性がよくなく、入力に時間がかかるので、1本の列車のダイヤを変更するのも一苦労だったという。その上、貨物列車の本数が多いので、入力に時間を要していると、その間に状況が変わってどんどん列車が遅れてしまうということがあったそうだ。

武蔵野線にＡＴＯＳが導入されてからは、操作端末への入力が容易になり、かつてはできなかった途中駅折り返しができるようになったので、ダイヤの平復も早くなったという。「そのことは、おそらく武蔵野線をご利用されているお客さまも実感されていると思います」と竹原さんは言う。

●テレビ会議システムで合同会議

冒頭でも述べたように、総括指令長は、大きな輸送障害が起きたときに指令業務全体を指揮しているが、そのときに指令室以外の社員とはどのように情報交換をしているのだろうか。聞いてみると、現在はテレビ会議システムを使い、ＪＲ東日本の本社と、東京総合指令室管内にある7つの支社（東京・横浜・八王子・大宮・高崎・水戸・千葉）と合同会議ができるようになっているという。テレビ会議システムとは、インターネット回線を使い、離れた場所にいる人があたかも一堂に会しているかのように話し合うことができるシステムだが、この指令室では、それを使って本社と7つの支社の社員と一度に話ができるのだ。

第3章では、２０１４年2月に発生した関東・甲信越での大雪による輸送障害についてふれたが、このような広範囲の輸送障害が起きたときは、本社と7つの支社が合同対策本部をつくり、テレビ会議システムで情報交換をする。竹原さんは言う。

「今は『大宮支社、雪はどうですか』『八王子支社はどうですか』というように、テレビに向かって呼びかけて、各支社と情報交換ができるようになりました。画期的です」

テレビ会議システムがなかったころは、各支社と電話だけを頼りに情報交換をしていたことを考えると、たしかに画期的だ。

第1章でもふれたように、テレビ会議システムを導入した会議室は、高台の一部にある。ここは会議の声が聞こえやすいように壁で仕切られているが、壁が低いので、中からは指令室全体が見えるようになっている。2014年に入ってからは、複数の映像を同時に表示できる大型テレビが導入され、より情報交換がしやすくなったそうだ。

●怖いのは地震

自然災害には、前述した雪以外に、雨や風、高潮などがあるが、総括指令長として一番怖いのは地震だという。雨や風、雪などは、天気予報で状況が悪くなる時期や程度があらかじめわかるので、心の準備ができるし、前もって対策が出来る。また、沿線の状況の変化を見ながら対応することもできる。しかし、地震はそのような予兆がなく突発的に起こるので、事前に対策をすることができない。大きな地震が発生すると広範囲の線区が一気に停まってしまい、現場はもちろん指令室も混乱するので、地震は自然災害の中でも怖いという。

竹原さんは、東日本大震災のときは指令室の所属ではなく、横須賀線の逗子駅で勤務していたという。震災当日は利用者の救助が優先になり、帰宅困難者になった方々を避難場所になった近所の小学校などに誘導するなどしていたそうだ。このため、当時の指令室の様子はわからないが、総括指令長になってからは、東日本大震災直後のように広範囲の線区が停まるような大規模な地震は経験していないそうだ。

●非番に出勤することも

素朴な疑問だが、指令室の方々は、一堂に会するイベント、たとえば忘年会とかはどうしているのだろうか。ほとんどの方が24時間勤務をしているので、一般的な日勤の会社員のように、部署の社員が一堂に会することがないので、集まれそうにない。

それを竹原さんに聞くと、「3回設定しなければならないですね」と答えてくれた。社員は朝に交代するので、朝に出勤する人、朝に帰る人、休みの人の3パターンがある。だから、たとえば指令室のメンバーで旅行会に行くなら、3回に設定する必要があるという。

竹原さんによれば、実際に休みであっても、必要に応じて出勤することがあるという。たとえば、総括指令長の場合は、事故や大きな輸送障害があると携帯電話にメールが届くので、休みの日でもそれを見て、出勤するか判断するそうだ。

かつては、携帯電話もメールもなかったので、すべて電話で連絡をとっていたという。連絡す

異常時対応について話し合う指令員

る人は、電話をするたびに同じ内容を何度も繰り返さなければならなかったし、家に誰もいなくて電話に出ないということもあり、なかなか連絡がとれないこともよくあったそうだ。

こう聞くと、なかなか気が休まりにくい仕事に思えるが、出勤しているときは、輸送障害がなければ、少しでも神経を休めるようにしているという。と言っても、本当に休んでいるのではなく、突発的な事象に備えて静かにしている、という感じだそうだ。

では、達成感があるとすれば、どんなときだろうか。聞いてみると、こう答えてくれた。

「輸送障害が終わったあとですね。電車が運転再開して少しほっとして、ダイヤが平復になり、定時運転に戻ったときは『やった！』という感じですね。これは指令員を含めて、たぶんみなそうだと思います」

指令は、常に突発的な事象に対処し、即決即断が求められるので、他の部署からいきなり来てできるものではない技術職のようなものなので、総括指令長も各指令長もみな指令員を経験している。そのため、達成感がある瞬間は、おそらくみな同じだろうと竹原さんは言う。

●浸透した「お客さま目線」

最後に、近年の指令業務の傾向を聞いてみると、輸送障害のときの姿勢が昔とくらべて変わったという。「お客さま目線」という考えが指令員に浸透し、「動かない区間をいかに短くするか」「お客さまには行けるところまでどんどん行ってもらおう」ということに、昔以上に取り組んでいるという。

そうした取り組みの1つに、他経路運転がある。東京総合指令室の管内には、複数の線区が並行している区間があり、たとえば川崎駅付近で東海道線が停まったら、そこを迂回する横須賀線に東海道線の列車を通すということがある。山手線と京浜東北線が並走する区間では、どちらかが人身事故などで停まると、山手線の列車が京浜東北線を、京浜東北線の列車が山手線を走ることもある。このような臨機応変な対応は、かつては制約がありなかなかできなかった。それだけ今の指令は「いろんな手を使って動かせる部分はどんどん動かす」ということを考えている。その点をアピールしたいという。

第5章　運行管理の今昔

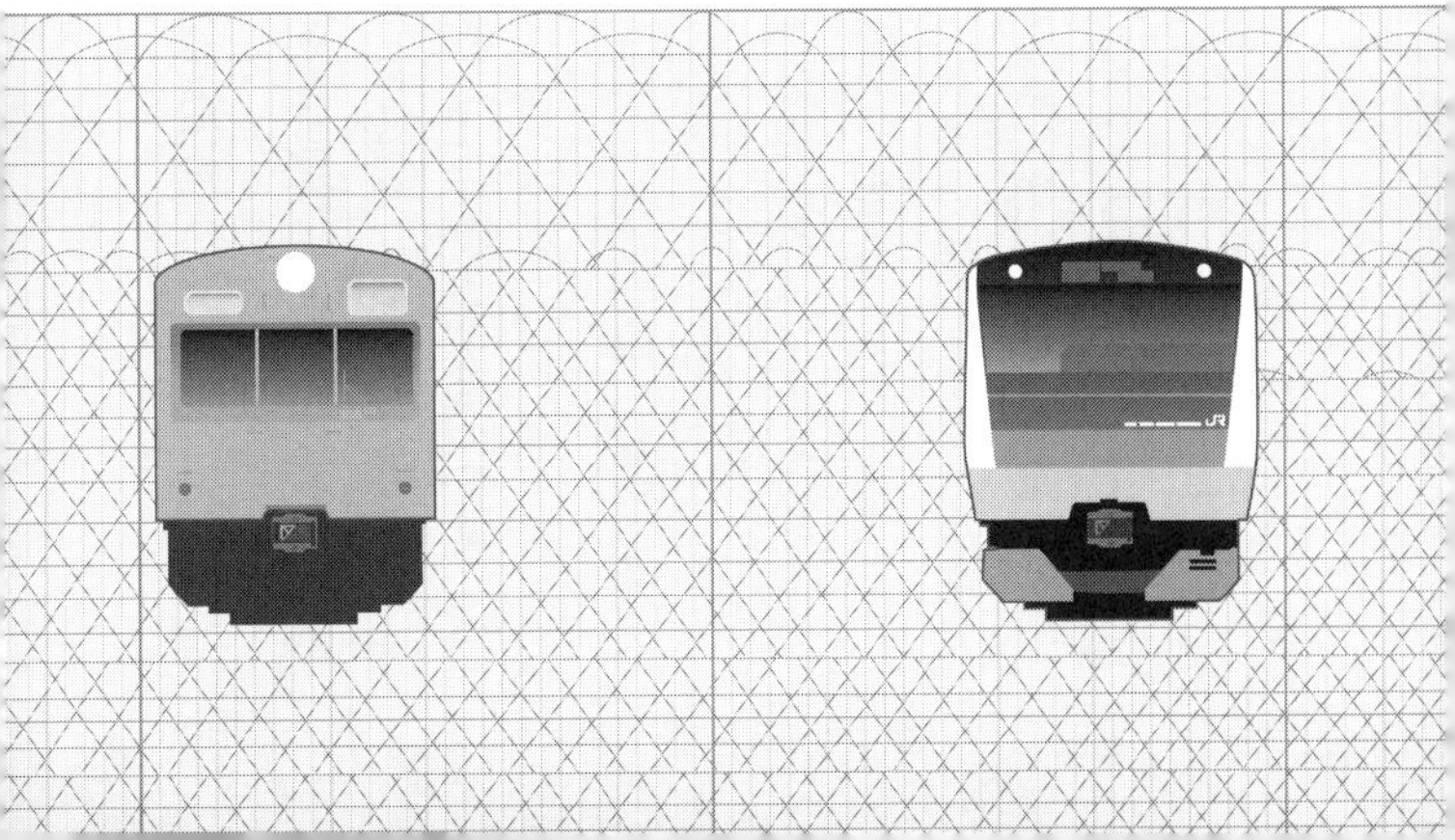

鉄道会館社長の井上さん。東京駅八重洲口が見える社長室にて

●かつての運行管理を知る人物

これまでは、現在の東京総合指令室の様子と、指令業務をしている人たちを紹介したが、この章ではATOSなどの技術が導入される前の運行管理について紹介しよう。

取材に応じてくれたのは、「鉄道会館」社長の井上進さんだ。運行管理が現在のように近代化する前の時代を知る人の一人だ。鉄道会館は、JR東日本のグループ企業で、東京駅のステーションシティなどの駅ナカビジネスなど、鉄道関連のサービス事業を行なっている。井上さんは、かつてはJR東日本に所属し、東京地域本社（現在の東京圏の支社の前身）や本社の運輸車両部の輸送課長、八王子支社の運輸部長を務め、運行管理などに携わった経験を持っている。また、運行管理の書籍をまとめた経験もあり、『列車ダイヤと運行管理』（成山堂書店・2008年）の執筆者代表も務めている。

話を聞いた場所は、東京駅八重洲口に近いオフィスビルで、八重洲口の全体が一望できるガラス張りの社長室だった。そこからは、2013年に完成したグランルーフもはっきり見えた。

井上さんは、現在は鉄道事業に直接、関わっていないので、運行管理のことはだいぶ忘れたと言う。たしかに先ほど紹介した『列車ダイヤと運行管理』に記された略歴によれば、2002年からJR東日本の広報部長や横浜支社長、JR東日本のグループ企業であるジェイアール東日本物流の社長、そして現在は鉄道会館の社長を務めているので、運行管理に携わったのは10年以上前になる。しかし、「昔の運行管理を知る人物なら井上さん」という他の方から助言があり、取材をお願いしたところ、「だいぶ忘れちゃいましたねえ」と言いつつ、ときどき目を閉じながら頭の中の記憶をたどり、当時の状況をこと細かに話してくれた。

●20年前の指令室

井上さんが指令室と深く関わったのは、今から20年ほど前だという。JR東日本の東京地域本社の運輸車両部に所属し、1991年6月から1994年12月までの約3年半の間、輸送課長を務めたころだそうだ。

「私には指令員としての勤務経験はないんですよ。指令員がデスパッチャーをかぶって『でんたーつ、でんたーつ』と言いながら口頭で駅に情報を伝えていたのを、後ろで見ていた立場なので、あまり偉そうなことは言えないですよ」

そこで、当時の指令室の概要から聞いてみた。

「そのころは今より人数が少なかったですね。全体で１４０人ぐらい、輸送指令が１００人ぐらいですかね。それでも人が多い職場でした」

現在の指令室は、当時とちがって設備指令もセットになっているので、指令室全体の人数は単純に比較できないが、輸送指令は今の3分の1程度だ。少ない理由は、第4章でも述べたように、現在、指令室が処理する業務の多くを駅が担当しており、信号機や分岐器の操作や列車の運行状況の把握などを、すべて駅がこなしていたからだ。

「当時の指令室の組織は、輸送課長のもとで総括指令長や指令長、指令員が交代勤務するというシンプルな体制でした。ダイヤが乱れたときは、日勤で計画業務をする輸送課員とともに指令室に駆けつけたりしました。ただし、輸送課長が指令員に直接指示を出したりすると指揮系統が混乱するので、私は総括指令長に助言する程度にとどめるように気をつけていました」

当時の指令員はベテラン社員が多かったので、現在のように若手の指令員をサポートする指導と呼ばれる部署はなかったという。また、指令業務が忙しかったので、印刷したダイヤに臨時列車を書き込むような仕事は、明け番の残業としてやっていたそうだ。

●手探りの指令

指令業務は、線区全体の運行状況を把握し、必要に応じて駅などの現場に指示を出すことだが、当時はそれが今のようにスムーズにはできなかったようだ。情報伝達手段が足りず、指令室が情報を外部から入手するのも、逆に外部に発信するのも、今ほど容易ではなかったからだ。

井上さんは、情報を外部から入手する難しさを、「手探りの指令」と表現した。真っ暗な箱に手を入れて、中にあるものを手探りで当てるゲームがあるが、当時の指令室はそれに似ていたという。つまり、現在のように列車の位置をリアルタイムで把握する手段がなく、運行状況を知る手段は電話しかなかった。電話だけで得られる情報の少なさを考えれば、まさに「手探り」だったのだろう。

情報を外部に発信する難しさについては、運転整理のときの通告を例に説明してくれた。指令員は、電話で運行状況を知り、ダイヤが乱れていることを把握すると、運転整理をして駅に伝えるが、その伝達に手間がかかり、対応が遅れることがあったそうだ。

第2章でもふれたように、指令員は運転整理をするとき、まず紙のダイヤを見て検討し、鉛筆で変更するスジをダイヤに書き込み、変更事項を書き出すが、その伝達方法が今とちがった。指令員はファクスではなく指令電話の一斉回線を使い、書き出したメモを見ながら駅などに口頭で伝達していたのだ。一斉回線は、複数の駅に一度に伝達する回線だ。受け手は、それを聞いて鉛筆でメモをとっていたが、それだけでは伝達ミスが起こる可能性があるので、受け手が内容を復唱していた。

「『でんたーつ、でんたーつ、この伝達は蒲田駅の○○にともなう変更です。点呼をとります』というのを伝えるところに全部、内容を伝えた上で復唱をとるんで、手間がかかってしょうがないんですよ」

こうした作業を受け手の数だけ繰り返すと、当然、時間がかかるし、その間に列車の位置は刻々と変わるので、対応が遅れる場合がある。だから、駅から「うちではもう間に合わないよ」と言われることもあり、運転整理が思うようにできないこともあったという。

運転整理の情報は、乗務員にも伝える必要があったが、1981年までは東京圏の在来線に列車無線がなかったので、指令員は、駅員を介して乗務員に情報を伝えていた。列車無線が導入されてからも、電波の状況が悪く、うまく通話ができない難聴箇所があった。また、現在のように、指令室からの文字情報を運転台に表示する通告伝達システムがなかったので、乗務員は、列車無線で聞きながら指令の指示をメモする必要があった。しかし、運転士はハンドルを握って運転操作をしていることが多いし、車掌はホームの監視や車内案内放送などをしていることがあり、メモをする余裕がない場合が少なくない。それゆえ井上さんは言う。

「よくこのやり方で今までやっていたなと思うんです」

●昔の運行管理

井上さんからは、東京圏の在来線の運行管理が、このような手探りの状態から改良を経て現在の状態になったプロセスを説明してもらったが、ここではその話を紹介する前に、僭越ながら運行管理の基本を筆者なりに説明したいと思う。これから説明するＣＴＣやＰＲＣと呼ばれるシステムのことを知らない方には、そのほうが理解しやすいと思うからだ。

さて、先ほど指令員が駅から情報を得ていた話を紹介したが、これは第4章でも述べたように、駅が運行管理において重要な役割をしていたからだ。このことは、都市鉄道よりもシンプルな単線のローカル線のほうがわかりやすいので、くりはら田園鉄道を例にして説明しよう。くりはら

くりはら田園鉄道の配線略図。3つの交換駅の駅員が連絡をとり列車の位置を把握していた

他の交換駅と電話で連絡する駅員（くりはら田園鉄道若柳駅・2006年）

手動でレバーを操作する駅員。レバーを倒すと信号機と分岐器が連動した（くりはら田園鉄道若柳駅・2006年）

田園鉄道は、2007年に廃止されるまで宮城県に存在した全長25・7キロのローカル線だ。全区間が単線の鉄道で、廃止されるまで古い方式で運行管理を行なっており、列車の交換ができる3つの交換駅には駅員がいた。

筆者は、くりはら田園鉄道が廃止される前に交換駅の1つである若柳駅で駅員の作業を見せてもらったことがあるが、上りと下りの列車をそれぞれ1時間に1本程度運行するダイヤでも、1人の駅員が忙しく作業をしていた。別の交換駅と頻繁に電話で話し、列車がいつどちらに向かって発車したか、定刻よりどれだけ遅れたかを連絡し合い、列車の進路を決める信号機や分岐器が連動するレバーを手動で操作していた。つまり、駅が現在の指令室と同じ役割を担っていたのだ。また、3つの交換駅が列車の位置や進行方向を把握していたので、3つの交換駅に電話すれば、交換駅を境界とする4つの区間のどこに列車がいるかを把握することができ、全体の運行状況がわかるようになっていた。

しかし、この方法ではすべての交換駅に駅員を配置しなければならないし、運行管理の効率が悪いので、日本の鉄道では1950年代からCTCと呼ばれる運行管理システムが導入された。

CTCは、Centralized Traffic Control（列車集中制御装置）の略で、ある線区を走る列車の制御を集中させる、つまり1カ所（指令室）から制御できるという装置だ。くりはら田園鉄道で言

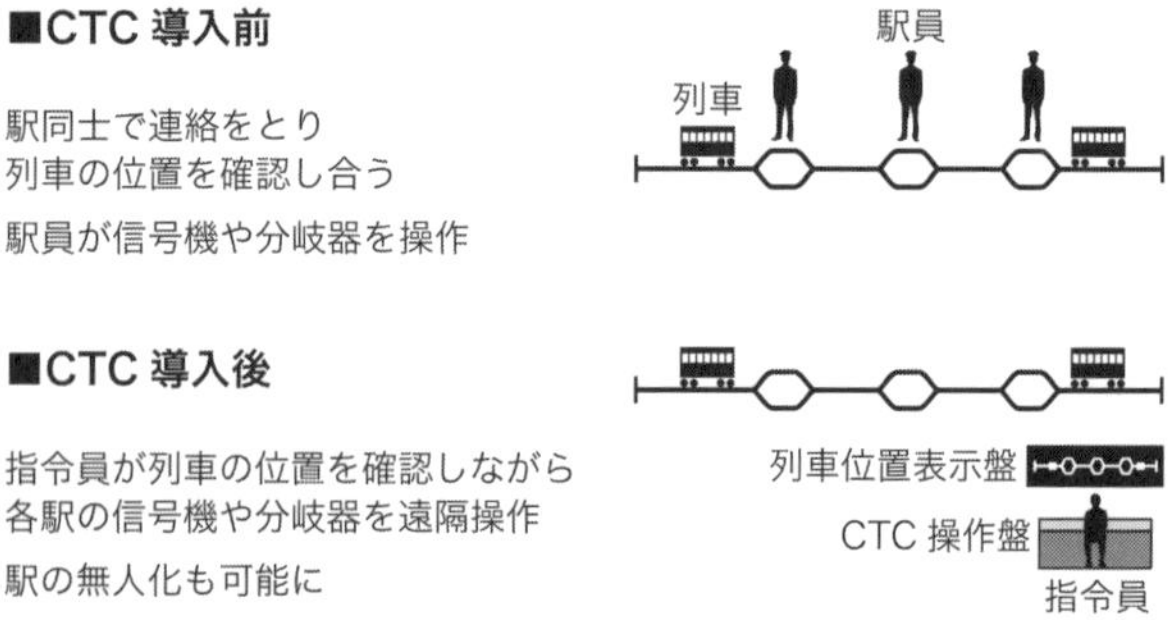
■CTC導入前
駅員
列車
駅同士で連絡をとり
列車の位置を確認し合う
駅員が信号機や分岐器を操作
■CTC導入後
指令員が列車の位置を確認しながら
各駅の信号機や分岐器を遠隔操作
駅の無人化も可能に
列車位置表示盤
CTC操作盤
指令員
CTCの導入前と導入後のちがい

えば、交換駅で行なっていた信号機や分岐器の操作を指令室で遠隔操作できるようにしたものだ。もちろん、列車の位置がわからないとその操作ができないので、指令室には列車の位置を示す列車位置表示盤が設けられた。つまり、ＣＴＣの導入によって、指令室で列車の位置をリアルタイムで把握しながら、運行管理ができるようになり、駅の無人化が可能になったのだ。

　ＪＲの前身である国鉄は、新幹線やローカル線にＣＴＣを導入した。ローカル線に早期に導入したのは、駅の無人化で経営の合理化を図るためだった。現在は日本の多くの鉄道でＣＴＣが導入されている。

　いっぽう東京圏の在来線では、ＣＴＣの導入が遅れたが、戦後に開業した武蔵野線と埼京線にＣＴＣとＰＲＣが導入された。ＰＲＣは、Programmed Route Control（自動進路制御装置）の略で、従来のＣＴＣで手動で行なっていた信号機や分岐器の遠隔操作を、コンピュータで自動化したものだった。

言い換えれば、東京圏の在来線では、武蔵野線と埼京線以外のほとんどの線区でCTCが導入されず、列車の位置をリアルタイムで知る方法がなかった。ただし、山手線や京浜東北線に関しては、指令室に小さな列車位置表示板があったが、列車番号は表示できなかった。くりはら田園鉄道では3つの交換駅に電話をかければ線区全体の運行状況がわかったが、東京圏の在来線の線区ではくりはら田園鉄道よりも列車の動きがはるかに複雑になる。指令員は、そんな線区の運行状況を、ATOSが導入されるまで電話を頼りに把握していたのだ。

●埼京線PRC秘話

ここで井上さんの話に戻ろう。現在、埼京線にはATOSが導入されているが、その前の状況を示す「埼京線PRC秘話」があるという。当時、井上さんは他の職場で勤務しており、埼京線のPRC導入には直接、関わっていなかったが、この話をよく聞いたそうだ。

埼京線のPRCは、同線が国鉄末期の1985年に開業したときに導入されたが、入力作業が複雑で、指令員にとってはかならずしも使いやすいものではなかった。情報を1つひとつキーボードで入力しなくてはならず、しかも応答性が悪かったのだ。

開発された1980年代前半は、日本でようやく小型のワープロ専用機が普及し、高価だったパソコンがようやく個人で所有できる価格になったころだ。コンピュータの処理速度は今よりはるかに遅く、マウスで入力できるパソコンがほとんどなかった。そのような時代に複雑な運行管理をする機械をつくったので、処理速度が追いつかなかったのだ。

応答性の悪さは、指令員のストレスとなった。指令員が埼京線のＰＲＣで運転整理の情報をキーボードで入力し続けていると、途中で機器がフリーズに近い状態になり、処理が進まなくなることがあった。さらに入力ミスがあると、それに対するエラーメッセージが出て、その処理にも追われる。こうした状況にいら立ち、ぶっ叩くような勢いでキーボードを打つ指令員もいたそうだ。

この話は、反応や操作性が悪いという点で、第4章で紹介した武蔵野線の話とも重なる。おそらく武蔵野線担当の指令員も同じ思いをしたのだろう。

また、埼京線は、開業当初から川越線と直通運転をしていたが、埼京線が複線であるのに対して、川越線は単線で、ダイヤが乱れたときの復元力が低いので、異常時に線区の境界である大宮駅で運転を分離し、列車の折り返しを行なうことにしていた。しかし、当時のＰＲＣの処理能力では、ダイヤ回復に時間を要することがままあった。そのため「機械を導入したから指令業務が楽になった」とは言えない状況だったそうだ。ＰＲＣが埼京線や武蔵野線以外に導入されなかったのも、この理由であろう。

●ＡＴＯＳを実現した機運と技術

井上さんによれば、東京圏の在来線の運行管理をシステム化しようという動きがあったのは、国鉄が分割民営化されてＪＲ東日本が発足してからだそうだ。「初代会長の山下さんと当時副社長で技術の最高責任者だった山之内さんとの間でそのような話があったようですが、詳しくはわからないですね」という。

山之内さんとは、第１章でもふれた山之内秀一郎氏のことだ。山之内氏の著書『ＪＲはなぜ変われたか』には、ＡＴＯＳの開発の経緯を述べた箇所がある。そこには、国鉄には官僚的体質があり、東京圏にＣＴＣを入れたくても、投資効果のなさを理由に採用されなかったと記してある。また、ＪＲ東日本発足後は、民間企業から来た山下会長の存在のおかげで、視野が狭い官僚的な抵抗は口が挟めない雰囲気ができ、ＣＴＣよりも新しい情報処理技術を導入したＡＴＯＳが開発されたと記されている。国鉄は「投資効果だけで設備投資を判断し、そこには、指令員や駅員の苦労に対する思いやりなどまったくなかった」と批判する記述もある。これらの記述を見ると、どうも技術よりは組織の問題が、東京圏に新しい運行管理システムを導入する上で大きなネック

列車が頻繁に行き交う中央線の複々線区間。左２本が中央緩行線、右２本が中央快速線（高円寺〜阿佐ヶ谷）

になっていたようだ。

なお、この書籍には、最初に中央線に導入した理由を記した箇所もある。そこには、中央線は近距離列車だけでなく、特急列車や貨物列車も走っており、もっとも運行管理が複雑な線区なので、こうした線区から実現すれば後が楽になると考えた、と書かれている。

井上さんは、ＡＴＯＳの開発には直接、関わっていないが、その構築のために日立製作所の技術者が七転八倒した話を聞いたことがあるそうだ。東京圏の在来線の複雑さを考えれば、システム構築が難しいことは想像がつく。

ＡＴＯＳが実現したのは、ＪＲ東日本発足後にそうしたものを開発しようという機運が高まったことだけでなく、コンピュータなどのハードウェアの進歩が関係していると井上さんは言う。

「昔は、パソコンが普及していなかったので、ＰＣ９８（１９８２年発売のＮＥＣのパソコン）が出てきて驚いたことがありました。最近、話題のウェアラブル端末なんか、昔の大きなパソコンを身につけているようなものですよね。かつては大きかったシステムも、どんどんダウンサイジングが進み、処理速度も上がっている。こうしたことが相まって、（複雑な運行管理が）できるようになったんですね」

●原始時代から平成へ？

指令室の人たちからは、「ＡＴＯＳの導入で指令業務が大きく変わった」とよく聞いたが、井上さんは、「マクロで見た結果としてはそう言えるが、ＡＴＯＳが現在の状態になるまでのプロセスを知る立場としては、かならずしもそうとは言えない」と語る。ＡＴＯＳも、ＰＲＣと同様に、導入当初はトラブルが多く、駅や乗務員区などの社員からは「ＡＴＯＳになって悪くなったのではないか」という批判もあったからだ。

冒頭で紹介した『列車ダイヤと運行管理』には、中央線におけるＡＴＯＳの初期トラブルについて記した箇所がある。要約して紹介しよう。

初期のATOSは、軽微な輸送障害には十分に対応できたが、ダイヤが稠密な時間帯の運転整理には対応できない場合があった。たとえば、朝のラッシュ時に平均2分間隔で運転している最中に輸送障害が発生し、途中の駅で連続的に折り返しをしようとすると、必要な情報処理が能力を超えてしまうことがあった。1998年から1999年にかけて生じた輸送障害の中には、ATOSが混乱拡大の要因になった例もあった。そこで運転整理の一部を自動処理する機能を開発し、導入した。また、初期のATOSは、熟練した指令員が膨大な情報を入力することで成り立っていたが、指令員の判断や情報伝達などを手助けする機能が徐々に付加されてきた。つまり、ATOSは、最初から今のような機能がそろっていたわけではなく、トラブルに対応しながら徐々に機能を増やし、ブラッシュアップを繰り返すことで現在の状態になったのだ。

それゆえ、ATOSが現在のように指令業務に欠かせない存在になったのは、使う側の人間が使い方を工夫したり、ときには足らない機能を補うなどして、時間をかけて使うノウハウを蓄積し、育ててきた結果だと井上さんは言う。

現在の東京圏の在来線の指令業務は、国鉄時代の「手探り」だった状態とくらべると、大きく変わった。ATOSの導入で列車の位置の把握が容易になり、信号機や分岐器の操作が自動化された。運転整理をするときの入力作業も、PRCよりもスムーズにできるようになった。通信や情報の技術が発達し、一斉放送の導入や、列車無線のデジタル化、通告伝達システムなどが実現し、駅員や乗務員との情報伝達が容易になった。第4章で紹介したように、テレビ会議システムを使うことで、指令室と各支社の社員がどこかに集まらなくても打ち合わせや情報交換ができるようになった。インターネットを利用して、運行情報をリアルタイムで利用者に伝えられるようになった。今ではスマートフォン用のアプリ「JR東日本アプリ」を使えば、列車の運行情報がいつでもどこでも誰でも簡単に入手できるようになった。一部の線区に関しては、指令室のモニター画面と同じように、列車の位置や遅れが手元で確認できる。山手線の一部の列車では、各車両の車内の室温までわかる。

こうした変化がある間に、時代は昭和から平成になったが、そのころを振り返り、井上さんは言う。

「運行管理に関しては『昭和から平成へ』ではなく、『原始時代から平成へ』と言えるほど、大きな変化があったのではないでしょうかね」

●指令室を1つにまとめる難しさ

現在は、東京圏の在来線を東京総合指令室が一括で運行管理しているが、1つの指令室にまとめることについては、これまでさまざまな議論があったようだ。東京圏の鉄道を運営する組織は、国鉄時代から統合や分割を繰り返してきた歴史があるが、そのたびに指令室をどこの管轄にするかという話が出たという。

東京圏の組織の変遷をかんたんに説明しよう。国鉄末期は、東京圏の組織は3つ（東京南局・東京西局・東京北局）に分かれていたが、JR東日本が発足したときに統合され、東京圏運行本部になった。しかし、組織が大きすぎるということで、地域ごとに少しずつ支社に分かれ、現在は4つの支社になった。なお東京総合指令室が管理する線区は、周囲の3つの支社の一部線区も含まれており、7つの支社のエリアに及んでいる。このため、現場は各支社の管轄に分かれたが、指令室は1つにまとめたほうが運行管理をしやすいので、結果的に現在のように東京支社の組織として1つになった。

ところが、そこに至るには議論があった。指令は現場との連携が求められるし、現場と指令の管轄が異なると食い違うことがある。だからそれぞれの支社の管轄にしたほうがよいという考え方もあったが、結果的に東京支社の管轄にしてまとめたほうがよいということになったそうだ。当時、井上さんは横浜支社長で、こうした議論に接していたという。

こうした経緯を振り返り、井上さんは言う。

「おそらく日本全国見渡しても、世界的に見ても、これだけ広範囲の高密度輸送を1カ所の指令室で管理しているというのは、なかなかすごい話だと思いますよ」

●指令室が2つあったころ

井上さんは、本社運輸車両部の輸送課長時代に指令室の移転に関わったが、それが容易ではなかったという。指令室はもともと現在の位置にはなく、東京駅丸の内駅舎前の旧国鉄本社ビルの中にあったのだが、一般的な事務室のようには移転できなかった。指令電話や列車無線に加え、とくに運行管理の回線を移すのが難しかったからだ。

移転時には、まず現在の指令室に真新しい机や椅子が搬入され、ATOS導入の準備が行なわれた。埼京線と武蔵野線の指令は、CTC導入で運行管理の回線がつながっていたため、最後に移転した。移転が終わるまで、指令室が2つあったため、井上さんは輸送課長として両方を行き来していたそうだ。

井上さんは、その後1996年に異動で輸送課を離れたが、この輸送課にいたころが、東京圏の在来線の運行管理が変わる1つの節目だったのではないかという。それからATOSを導入する線区が少しずつ増え、運行管理のやり方も変わってきたので、ATOSが導入されはじめ、指令室が移転したこの時期は、節目と言えるのだろう。

●稠密路線で輸送力を増やす

東京圏の在来線と言えば、朝のラッシュの混雑の激しさがよく知られるが、今では列車の増発や、列車の車両を増やす編成増強などによって輸送力増強が図られた結果、JR発足時よりも混雑率が減少した。混雑率が200パーセント（定員の2倍）を超える線区は、JR発足時は複数あったが、今は当時よりも減った。

井上さんは長らく輸送に関わった経験があるので、このような混雑率の変化が、運行管理に何か影響していないかと聞いたところ、「混雑率の減少によって、平均の列車遅延時分（列車の遅れ）が小さくなるという効果はあると思います。ただし、運行管理のやり方の変化のほうが大きかったのかなと思います」と答えてくれた。たしかに、ATOSの導入前後でくらべるのは難しいだろう。

ただここで、混雑率緩和のための輸送力増強について、自らの体験と合わせて語ってくれた。指令業務の話からは少し離れるが、朝のラッシュ時の輸送がどのように改善されてきたかという話として紹介しよう。

東京で電車通勤をしている方は、朝の混雑が20年以上前より緩和されたと聞いても、たぶんピンとこないだろう。輸送力増強は、少しずつ時間をかけて図られた経緯があるのだが、その効果は利用者にわかりにくいという。そこで井上さんは、ご自身が関わった例として、中央快速線の輸送力増強について説明してくれた。中央快速線の混雑率は、JR東日本発足時に230パーセントを超えていたが、輸送力増強によって2007年に185パーセントまで改善した線区だ。

中央快速線は、第1章の最後で紹介したように、ラッシュ時に平均2分間隔で列車が走る線区だが、その運転間隔の短さゆえに、小さな輸送障害が輸送に大きな影響を及ぼすことがある。このため、かつては今よりも輸送が混乱しやすく、社会から批判を受けた。

そこで中央快速線では、1993年頃までに信号機や駅の配線などの改良が行なわれ、輸送の混乱が起きにくくなり、1時間あたりの最大運転本数は28本から30本に2本増えた。列車が2本増えることとは、第1章でも触れたように輸送力が3000名近く増えることを意味するが、その効果は利用する側にはわかりにくい。

抜本的に輸送力を増やすには、現在の線路に並行して線路を増設したり、別のバイパス線を建設する必要がある。しかし、在来線の沿線は人口密度が高く、そのための用地を確保することは至難の技だ。また、工事には、長い期間と多額の費用を要する。

ＪＲ東日本は会社発足以来、既存の線路を最大限活用して利用者の強い要望である混雑緩和のための輸送力増強に取り組んできた。具体的には、信号設備改良による運転間隔の短縮、ホームを延伸することによる列車の編成増強、あるいは従来貨物列車専用としてきた線路にホームを設置して旅客列車を運転するなどである。既存の線路の活用とは言え、設備改良や車両の増投入には一定の投資を要する。このような取り組みの結果、ラッシュ時間帯に1～2本の増発できても、利用者が大きな改善を実感できないかもしれないが、地道な取り組みを積み上げて数年経つと、混雑率の緩和というかたちで効果が数字に現れてくる。

輸送力のような「量」の問題が解決すると、次は輸送の「質」が求められてくる。とはいえ、通勤電車が頻繁に行き交う朝のラッシュ時に、リクライニングシートを備えた特急列車を走らせるのは難しいので、東京圏の在来線では、基本的に朝のラッシュ時を避けるように運転されている。しかし、座って通勤したいという利用者もいるため、特急用車両を使った通勤ライナーを走らせている例が複数ある。井上さんは、輸送に関わる立場として、通勤ライナーの新設に困惑したことがあるという。

井上さんは、八王子支社の運輸部長時代に中央線の運行計画などをしていた。同線区は輸送密度が高く、特快（特別快速の略）のダイヤの維持だけでも苦労していたそうだが、その後、本社の輸送課に異動した直後に上司から「中央線で通勤ライナーをやろう」と言われたという。もちろん、通勤時間帯のダイヤはスジが詰まっている。ここに停車駅が少ない列車を入れるには、前後のスジとの間隔をあける必要があり、運行管理上難しい。

そのような中央線の状況がわかる身だったゆえに、通勤ライナーのニーズは十分理解しつつも、非常に悩んだと語ってくれた。

現在、中央線には、特急用車両を使った通勤ライナーが平日の朝と夜に走っている。朝の上り3本は、東京都心がもっとも混雑する8時台を避け、その前に新宿駅や東京駅に着くように設定されている。

●寝台列車と指令

ここで輸送力増強から指令業務の話に戻ろう。現在は、寝台列車は希少な存在になったが、20年前は東京駅や上野駅を発着する寝台列車が複数存在した。東京圏に寝台列車が出入りすることによる、運行管理の難しさはあるのだろうか。聞いてみると、指令の観点から次のように説明してくれた。

寝台列車は、走行区間が長く、ＪＲ東日本の支社だけでなく、他のＪＲ線（現在は第三セクター鉄道も）にも乗り入れるため、各社との調整が必要だという。この点は、貨物列車も同じだ。また、東京に来る上り列車の場合は、遅れると、朝のラッシュ時に東京圏に入ってしまう場合があるので、途中で運転を見合わせるなどの対処が必要となる。井上さんが輸送に関わっていたときは、九州方面の寝台列車が複数あり、遅れてきた上り列車を東海道貨物線に迂回させたこともたびたびあるそうだ。

寝台列車は、車両の運用がたいへんだそうだ。車両の種類が特殊で、運用面で融通が利きにくいからだ。深刻なのは、寝台車の空調や電源車の故障で、とくに夏場は、寝台車の冷房の故障は致命的で、電源車が故障するとお手上げだという。電源車とは、ディーゼル発電機を搭載した車両で、寝台列車では各車両の冷房や暖房、照明や食堂車の厨房などのサービス電源を供給する。このため、電源車が故障すると、すべての車両の空調や照明が使えなくなり、寝台列車として運転できなくなる。

寝台車や電源車が故障して、寝台列車の一部または全部の車両が使えなくなると、運用指令が代わりの車両を用意したり、指令が代行手段や払い戻しなどの手配をしたが、それは現在もあまり変わっていないのではないかと井上さんは言う。

隆起災害が発生した新小平駅。地下水でトンネル前が上に持ち上がり、手前の軌道が水没した（交通新聞社所蔵）

●ホームを仮設して折り返し

運行管理に関わっていた時代の思い出深い話を聞いたところ、20年以上前の1991年に武蔵野線の新小平《しんこだいら》駅で隆起災害が発生したときことを話してくれた。その詳細は、前述した『列車ダイヤと運行管理』にも記されているが、当時、珍しかった途中駅折り返しの例でもあるので、要約して紹介しよう。

武蔵野線の新小平駅は、長いトンネルに挟まれた掘割（切り通し）の駅で、このとき地下水で駅全体が上に押し上げられる隆起災害が発生し、駅の側壁に亀裂が入り、吹き出した地下水で線路が浸かり、列車の運転ができなくなった。武蔵野線は、旅客列車だけでなく、東京都心を迂回する貨物列車が多く走る線区だが、この隆起災害で武蔵野線が不通になった。土木関係の

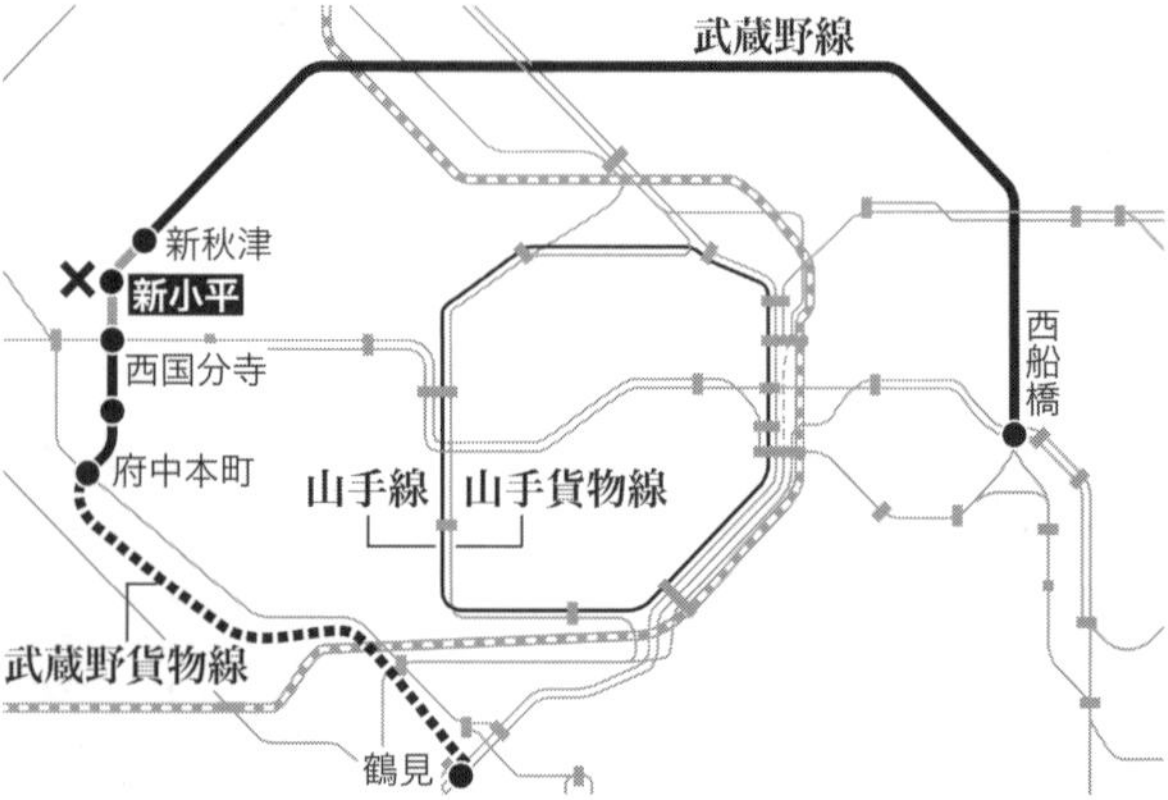

新小平駅での隆起災害発生後の武蔵野線の状況（1991年）。武蔵野線は貨物列車も通る線区で、早期の復旧が望まれた

専門家からは、地下水位が建設時よりも約6メートル上昇し、浴槽に洗面器を沈めようとすると浮き上がるのと同じように、駅の構造物が浮き上がったと聞いたという。

当時、井上さんは、東京地域本社運輸車両部の輸送課長に着任したばかりで、たまたま旅行で温泉に行っているときに電話で状況を知り、すぐに旅行を切り上げて東京の指令室に駆け込んだ。復旧工事には2カ月かかったが、その間、武蔵野線の全区間を停めるわけにはいかず、対応やダイヤづくりが大変だったようだ。その話は前述の書籍にはさらっと書いてあるが、実際はとても苦労したという。

まず武蔵野線を通っていた貨物列車を、副都心を通る山手貨物線に通そうとしたが、そのダイヤづくりが至難の業だったという。山手貨物線は、現在、埼京線や湘南新宿ラインの列車が走っているが、当時はまだ湘南新宿ラインの列車はなく、埼京線の列車も新宿までしか入っていなかった。これは、この当時踏切の立体交差化などの工事のため山手貨物線の所々に単線区間があり、多くの列車を走らせることができなかったからだが、そこに追加で貨物列車を走らせなければならなかったという。

また、新小平駅の両端にある新秋津駅と西国分寺駅は、どちらも乗り換え駅（新秋津駅は西武秋津駅に近接、西国分寺駅は中央線に接続）であるため、武蔵野線の旅客列車は、2つの駅で折り返し運転をすることになったが、これらの駅は折り返しが難しい構造だった。下り本線と上り本線の間にある「中線」に停車させれば折り返しができるが、「中線」に接するホームがないので、乗降ができない。そこで新秋津駅では、構内にあった側線で折り返しをして反対の本線に入れ、ホームで乗降できるようにしたが、途中で運転士と車掌が前後で交代するため、折り返しに10分以上かかった。また、南側の西国分寺駅と府中本町駅の間は2駅間と短いため、上り線の1本と車両を使った単線運転を行なったが、運転方法が変則的だったため、保安要員を列車に乗務させる必要があった。

そんなとき、ベテランの指令員から「あそこ（中線）にホームできませんかね」という意見が出たのがきっかけとなり、井上さんが施設部長に相談し、快諾を得た。その結果、災害発生から

武蔵野線新秋津駅。線路が３本あり、２本の本線の間に中線がある

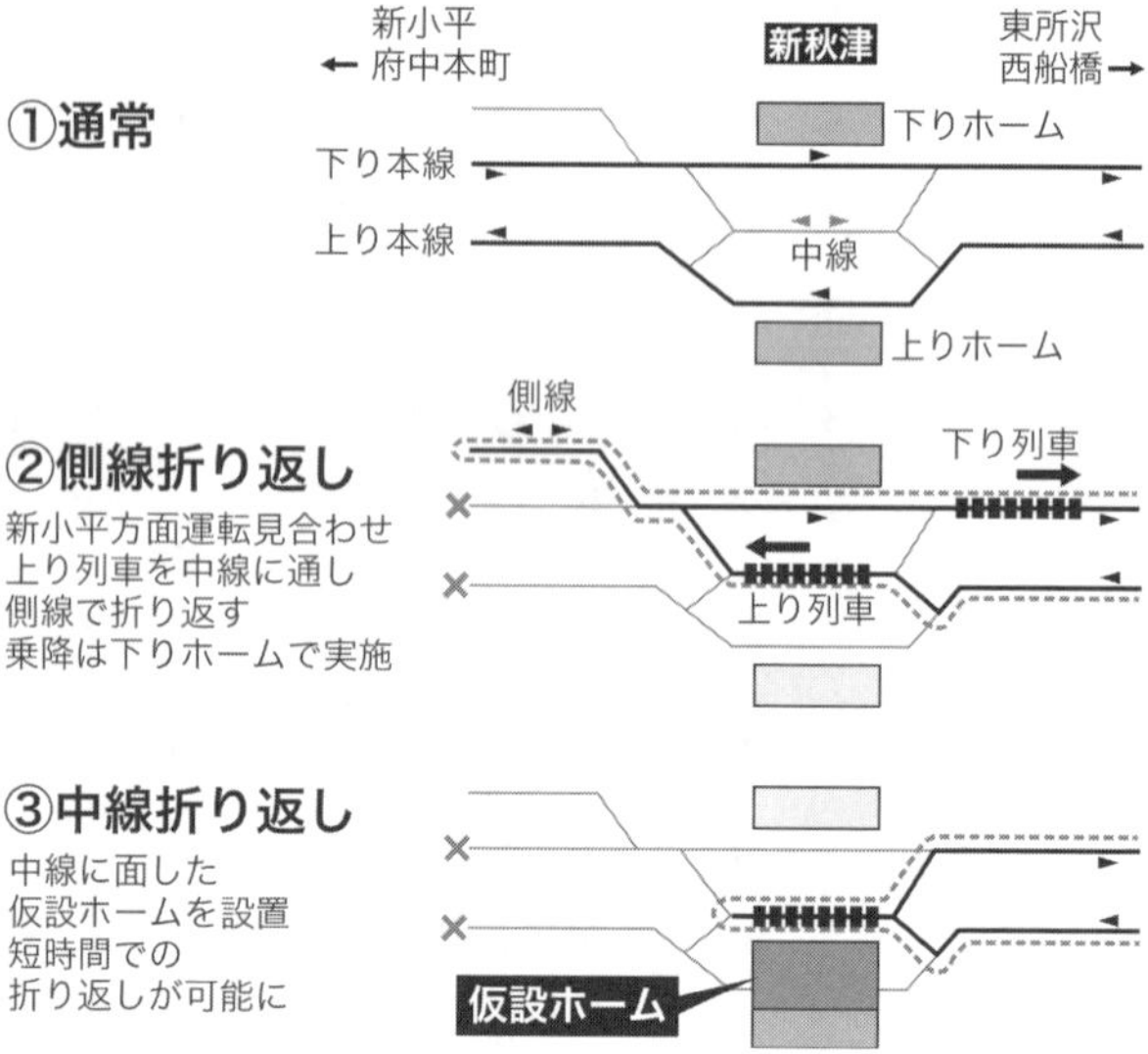

新秋津駅での折り返し運転（参考文献［5］p193，11-18を参考にして筆者作図）

４日目に新秋津駅と西国分寺駅の中線に仮設ホームができ、短時間で折り返しができるようになった。

仮設ホームは、当初、発泡スチロールに板を載せたものにしようとしたが、鉄骨に板を載せるタイプになった。発泡スチロールを使った仮設ホームは、強度計算をした上で青梅線拝島駅に置いた実例があり、工事費が抑えられる利点があったが、鉄骨のほうが撤去が容易なので、鉄骨で支えるタイプを採用したそうだ。

新秋津駅の仮設ホーム（1991年10月撮影・井上氏提供）

武蔵野線は、災害発生から約２カ月後に復旧した。その前日の終電後には仮設ホームの撤去が始まり、翌朝の始発列車から新秋津～西国分寺間の運転が再開された。このときは武蔵野線の指令室が旧国鉄ビルの内部にあり、そこに東京地域本社の関係幹部が集まり、再開を見守っていた。前述した書籍には、井上さんがそのときの様子を綴った箇所があるので、一部だけ引用して紹介しよう。

「そして５時06分１本目の下り列車５４１Ｅが西国分寺を発車。全員の目がＣＴＣ表示板の列車位置を追う。５時15分新秋津到着。責任者として立ち上がった次長の万感を込めた顔が周囲の社員に向けられる。どこからともなく拍手が起こり出す。全員が達成感を共有できた瞬間であった」

●変化した企業の意識

井上さんは、現在、鉄道事業には直接関わっていないが、かつて輸送の管理に携わった立場として、現在の鉄道の輸送をどう見ているのだろうか。聞くと、「世の中の鉄道に対する期待が高まったし、JR東日本という企業の認識や意識が変わってきたなあと思いますね」という答えが返ってきた。

井上さんによれば、20年ほど前は、輸送混乱時にクレームをいただくことはあっても、安定輸送や輸送品質という「質」を問う言葉は今ほど使っていなかったという。もちろん、JR東日本発足直後の1988年に中央緩行線の東中野駅で列車追突事故が起きたこともあり、安全研究所や総合訓練センターを設置するなど、鉄道の安全性を高める動きは大きく進んでいた。しかし、指令業務に関しては、議論する会議もなかったため、井上さんは指令員を中心に、幹部や他の部署にも声をかけ、「運転整理検討会」という会議を立ち上げたという。

現在は、社会が鉄道に対して高い要求をしてくるし、JR東日本は安全を大前提にしながらも、安定輸送や輸送品質という言葉を使い、「質」を高めることを目標としている。これは、JR東日本が社会からの期待に応えた結果とも言えるが、社員の意識が変わったことも大きく関係しているのではないかと、井上さんは言う。

社員の意識を変えることは、長い時間がかかる。井上さんは輸送課長のあとにサービス課（現在のサービス品質改革部の前身）の課長を務め、駅員や車掌などの接客態度の改善に取り組んだ経験があるそうだが、国鉄時代に入社した社員の意識を変えるには時間を要したという。

若い読者の方はご存じではないかもしれないが、国鉄時代の駅員や車掌などの接客態度は、かならずしもよいとは言えなかった。もちろん、ていねいに対応する職員もいたが、客を客と思わず、上から目線で話したり、馴れなれしくタメ口で話す職員もいた。駅の窓口でチケットを買っても、「ありがとうございました」と言わない駅員もいた。今からは想像しがたいが、国鉄時代には、一部ではあろうがそうした職員がいた。ＪＲ発足後には接客態度が改善されたが、それでも国鉄時代の名残があり、急には変わらなかったようだ。少なくとも筆者は利用者の一人としてそう感じた。

井上さんがサービス課長だった時代は、利用者からの接客態度に対するクレームが多く、接客態度の改善がおもな課題となっていたが、世代交代が進むと状況が変わったという。ＪＲ発足後に入った社員は、入社時からサービスに関する教育を受けていたので、そうした社員が徐々に増えてきたことで、全体的に接客態度が良くなったそうだ。

ただ、サービスに対する社員の意識が変わっても、輸送の「質」を上げるのは時間がかかったようだ。中央線の輸送力増強の話でもふれたように、輸送の改善を目的としたハード面の対策は、線路を増やすなどの抜本的な改善がなければ、多額の費用がかかるわりには効果がわかりにくい。また、第3章や第4章で紹介した途中駅折り返しなどのきめ細やかな対応には、乗務員や車両の運用などの制約があり、なかなかできなかった。

その一方で、利用者に対しての顧客満足度調査では、JR東日本は、他の民鉄とくらべてダイヤが乱れたときの案内が不十分だとか、利用者への配慮が足らないという不満の声が寄せられ、利用者の期待が高まっていることがわかった。このため、幹部も輸送品質や安定輸送の実現を意識するようになったし、会社全体で取り組むようになり、その成果が徐々に表われつつあるのではないかと井上さんは言う。

第3章の指令長の話では、ここ数年で途中駅折り返しなどのきめ細やかな対応ができるようになったと聞いたが、その背景には、運行管理システムの導入や、指令室や現場の努力だけでなく、井上さんが語る、一概に説明することができない改良のプロセスが関係しているようだ。

第6章　東京圏鉄道の今後

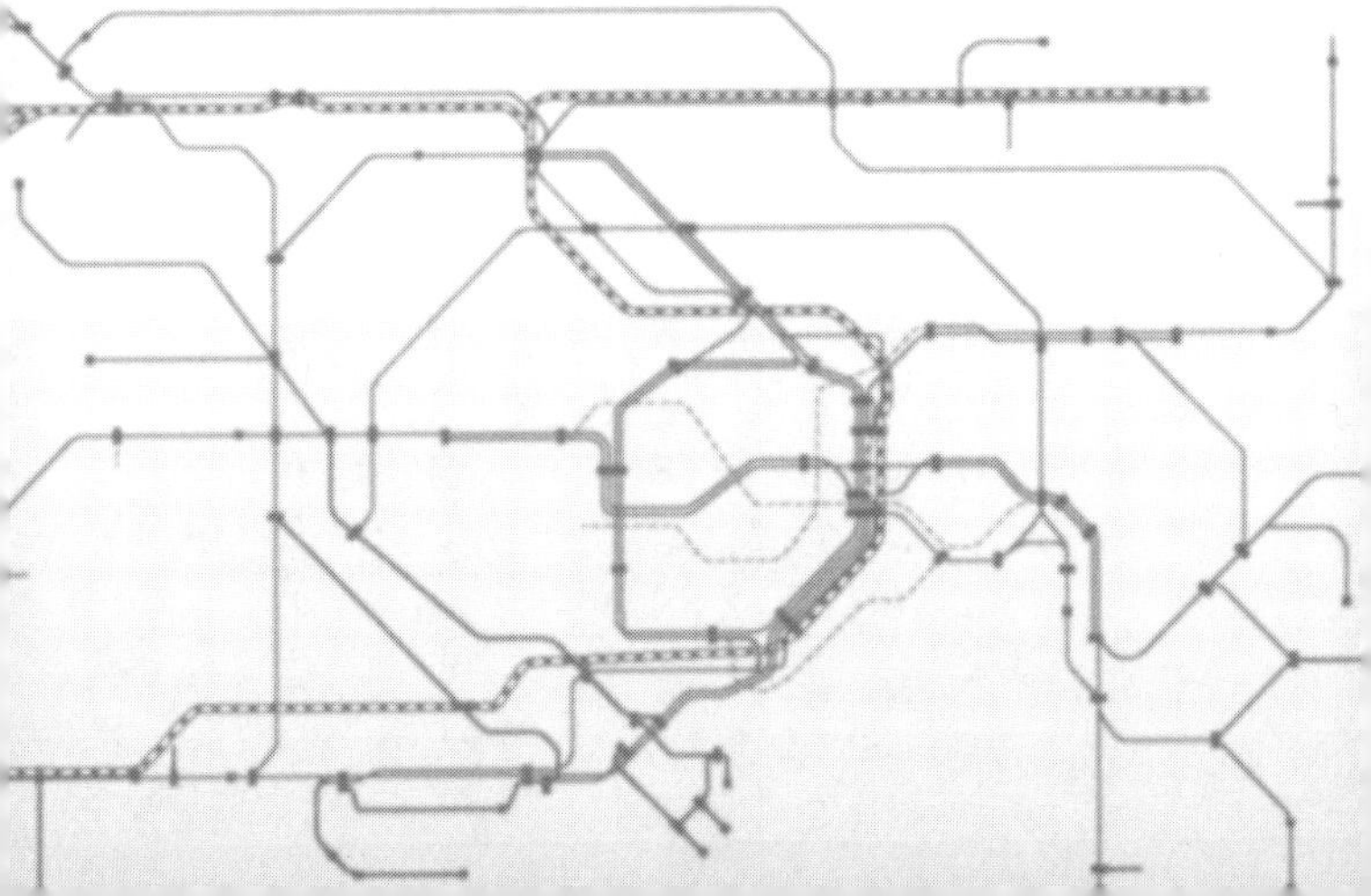

●振替輸送ができる都市圏

最後に、JR東日本の常務取締役で鉄道事業本部長の川野邊修さんに、東京圏の在来線の全体像や将来の展望、東京総合指令室の現状などについて聞いた。川野邊さんは、現在は会社の経営に関わっているが、国鉄時代に指令員として勤務したり、JR発足後に輸送課長を務めた経験があり、昔と今の指令室を知る方でもある。

JR東日本常務で鉄道事業本部長の川野邊さん

まず、東京圏における鉄道輸送の特殊性について聞くと、人口密度の高さや利用者の数の多さ、線区の多さ、列車の運転間隔の短さなどを挙げてくれた。これらの特殊性に対応するため、安全・安定輸送を常に考え、さまざまな取り組みをしているが、それでも人身事故や車両故障などで利用者に迷惑をかけてしまうことがあり、対応に苦慮しているという。

「東京圏の鉄道は、朝のラッシュ時に列車が平均2分間隔で走る中央線のように、運転間隔が短くてダイヤが乱れやすい線区が多いにもかかわらず、輸送をきちっとコントロールすることが求められる。これも、特殊性というか、東京圏の鉄道ならではの難しさでしょうね」

異常時のときにすぐ振替輸送ができることも、日本の大都市圏ならではの特徴ではないかという。日本では、東京・大阪などに並行する鉄道が複数存在する区間があり、１つの鉄道が停まっても、別のルートで目的地に行ける。東京圏のように複雑な鉄道網がある都市圏では、多少大回りになっても、目的地に行くルートが複数ある。このため、たとえばＪＲの中央線が停まれば、並行する京王線が振替輸送をするという手続きがごく普通に行なわれている。こうしたルールは、日本ならではのものではないかと川野邊さんは言う。

東京では、地下鉄との相互直通運転や、湘南新宿ラインのような直通サービスに代表されるように、異なる線区の直通運転を実施した例が多いが、東京ほど都市鉄道で直通運転を実施している都市は、おそらく世界でも珍しいのではないかと川野邊さんは言う。たしかに、欧米の主要都市では、東京のような直通運転を実施している例はあまりない。

●昔と今は雲泥の差

川野邊さんは、前述したように指令員の経験があり、国鉄時代に丸の内にあったころの東京の指令室に勤務したことがあるので、当時と今の指令業務のちがいを聞くと、「雲泥の差」という答えが返ってきた。当時は現在のような「お客さま目線」という考え方がまったくなく、運行管理の方法についても、今とは状況が大きく異なっていたという。

「昔の指令室には、極端な話、紙（ダイヤ）と電話しかなかった。電車がどこを走っているかわからなかったから、頼りになるのは駅と連絡がとれる電話だけですよ」

川野邊さんは、山手線を例にして、当時の運行管理を説明してくれた。国鉄時代は、山手線の列車の位置をリアルタイムで知る手段がなかったため、池袋駅などの駅員が、どの列車が何分遅れて走っているかチェックしていた。指令員は、指令電話を通して駅からそのデータを聞いて、列車の運行状況を把握していた。運転整理などのために乗務員に通告するときは、指令電話で駅員に連絡し、駅員が乗務員に通告していた。つまり、当時は、くり返し述べたように駅が運行管理で重要な役割をしていた。現在は、指令員と乗務員が列車無線などを通して直接、連絡できるようになったので、駅は基本的に運行管理にタッチしない。だから、当時と今では運行管理のやり方が大きく異なるし、現在はＡＴＯＳやデジタル無線などの技術のおかげで、列車の位置の把握や情報伝達が容易になった分、昔よりも運行管理がはるかにしやすくなったという。

ＡＴＯＳのようなシステムの構想は、国鉄時代からあったそうだが、コンピュータの処理速度が追いつかず、うまく行かなかったという。ＡＴＯＳも、最初に中央線に導入したときはいろいろなトラブルがあった。しかし、今ではトラブルもなく、東京圏の運行管理において重要な役割を果たしているという。

こうした変化のおかげで、指令の負担が減り、今までできなかったことがいろいろできるようになった。だから今の指令は、人身事故で1時間列車が停まっても、利用者への影響を最小限にしようと考えて、できる限り途中駅折り返しをするようになったし、乗務員への情報伝達が容易になったことで、運用の変更があっても、運転士や車掌がそれに対応できるようになった。かつての指令は瞬間瞬間で処理するのが精一杯で、とてもそんな余裕はなく、人身事故が起きたら列車が長時間停まることがしばしばあったという。

運行管理の変化は、駅の仕事も変えた。現在の駅は、昔のように乗務員に通告したり、列車の位置を指令に伝達することもない。その分、駅の負担が昔よりも減り、利用者への対応がしっかりできるようになった。川野邉さんは言う。

「だから自慢ではありませんが、東京圏の輸送を管理するしくみをつくり、よくここまでお客さま主体の対応ができるようになったなあと思います」

●お客さまをイライラさせない

近年は、指令員をはじめ社員に「お客さま目線」という考え方が定着し、利用者をイライラさせないためのきめ細かい対応ができるようになった。その1つに、輸送障害が発生したときに列車を最寄駅に停車させるという対応があるという。列車を駅間に停めず、駅に停めることが、利用者の安心につながるそうだ。

JR発足当初は、その対応がなかなかできず、列車を駅間に停めてしまうことがあったそうだ。列車が駅間で長時間停車すると、利用者の中には、不安を感じたり、トイレに行きたくなる人も出てくる。中には非常用のドアコックを操作して線路に降り、駅まで歩こうとする人も出てくる。もし1人でも線路に立ち入れば、それだけで列車との接触事故が起きやすくなり、運転再開ができなくなって、ダイヤの平復が遅れる。今は出来るだけ駅に停めるようにしているのは、こうしたことを防ぐためでもあるそうだ。

運転本数が多い線区でも、駅に停める点は徹底しているという。たとえば中央快速線では、朝のラッシュ時に最短で約2分という短い間隔で列車が走るため、輸送障害でいったんどこかが停まってしまうと、すぐに列車が詰まってしまい、駅に停車できる列車とできない列車が出てしまう。この場合は、駅に停車した列車の乗客に全員降りてもらい、その列車を回送扱いにして駅間に停車させ、後方にいる列車を駅に停車させる。そこまでしてでも、駅間に列車を停めないようにしているという。

また、やむを得ず駅間に停車させる場合でも、利用者をイライラさせないように、車掌が状況をこまめに車内放送で伝えるようにしているという。たとえば、前を走る車両が故障で動けなくなった場合は、「前の列車が故障して○○駅で停車しています」「車両の検査係が現地に到着して点検が始まりました」「点検が終わり○○駅を発車しました、この列車も運転を再開します」などというように、できるだけ車掌が情報を次々流すようにしているという。これも、乗務員への情報伝達が容易になったおかげだそうだ。言われてみれば、たしかに今の東京圏の在来線では、異常時のときの車内放送の内容が具体的で、細かい情報を頻繁に流している。

国鉄時代は、異常時にここまでの対応はできず、車掌が何も放送しない（できない）ことがあったそうだ。そうした対応においても、国鉄時代と今では「雲泥の差」があるという。

●JRの意外な対応が話題に

これまでの章でも紹介したように、ここ数年、東京総合指令室管内では、従来できなかったときめ細かい対応をするようになった。人身事故や車両故障などで一部の区間が停まると、かつては線区の全区間で運転見合わせをしていたが、今はその両側の駅で途中駅折り返しをして、なんとか動かせるところは動かせるようにしている。

こうした対応は、われわれ利用者にはありがたいが、対応した指令員たちが誰かに褒められたり、感謝されることはほとんどない。そもそもその対応のために誰が現場に指示を出しているのか、われわれ利用者には見えないし、わからないからだ。

ただ最近は、間接的ではあるが、利用者から指令員に称讃の声が届くことがある。ツイッターやブログなどのように、個人が不特定多数に情報を発信できる手段が普及したことで、JRの対応への反応がネット上に書き込まれ、話題となり、喝采を送る人の声が届くこともあるからだ。こうしたメッセージは、指令員の大きな励みになっているという。

川野邊さんは、その一例として、武蔵野線の新秋津駅での対応を紹介してくれた。新秋津駅では、2013年2月21日の朝7時半ごろに電車が故障し、上り本線（府中本町方面）が塞がり、府中本町～東所沢間で一時、運転を見合わせた。下り本線には異常がなかったが、上り本線に列車が流れないと、その4駅先にある府中本町駅で折り返す下り列車も流れなくなる。そこで武蔵野線担当の指令員は、府中本町～東所沢間を停め、東所沢駅で途中駅折り返しを行ない、東側

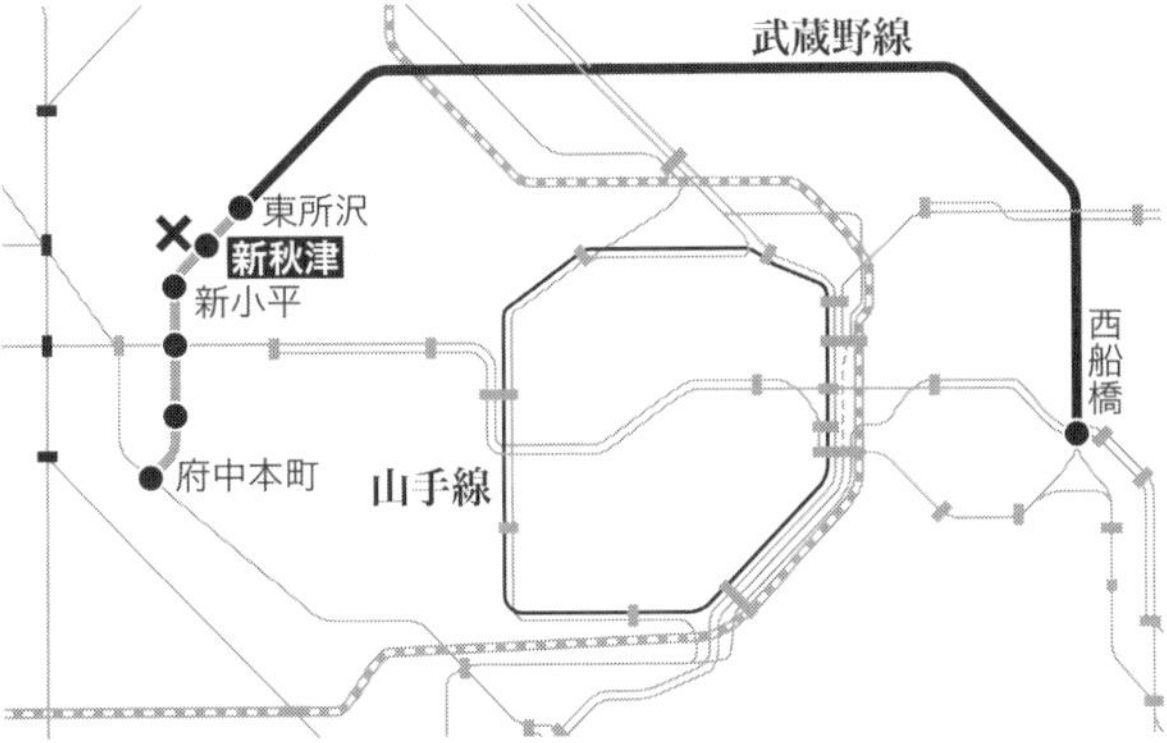

新秋津駅での車両故障発生直後の武蔵野線の状況。一時的に府中本町〜東所沢間の運転を見合わせた（2013年2月21日）

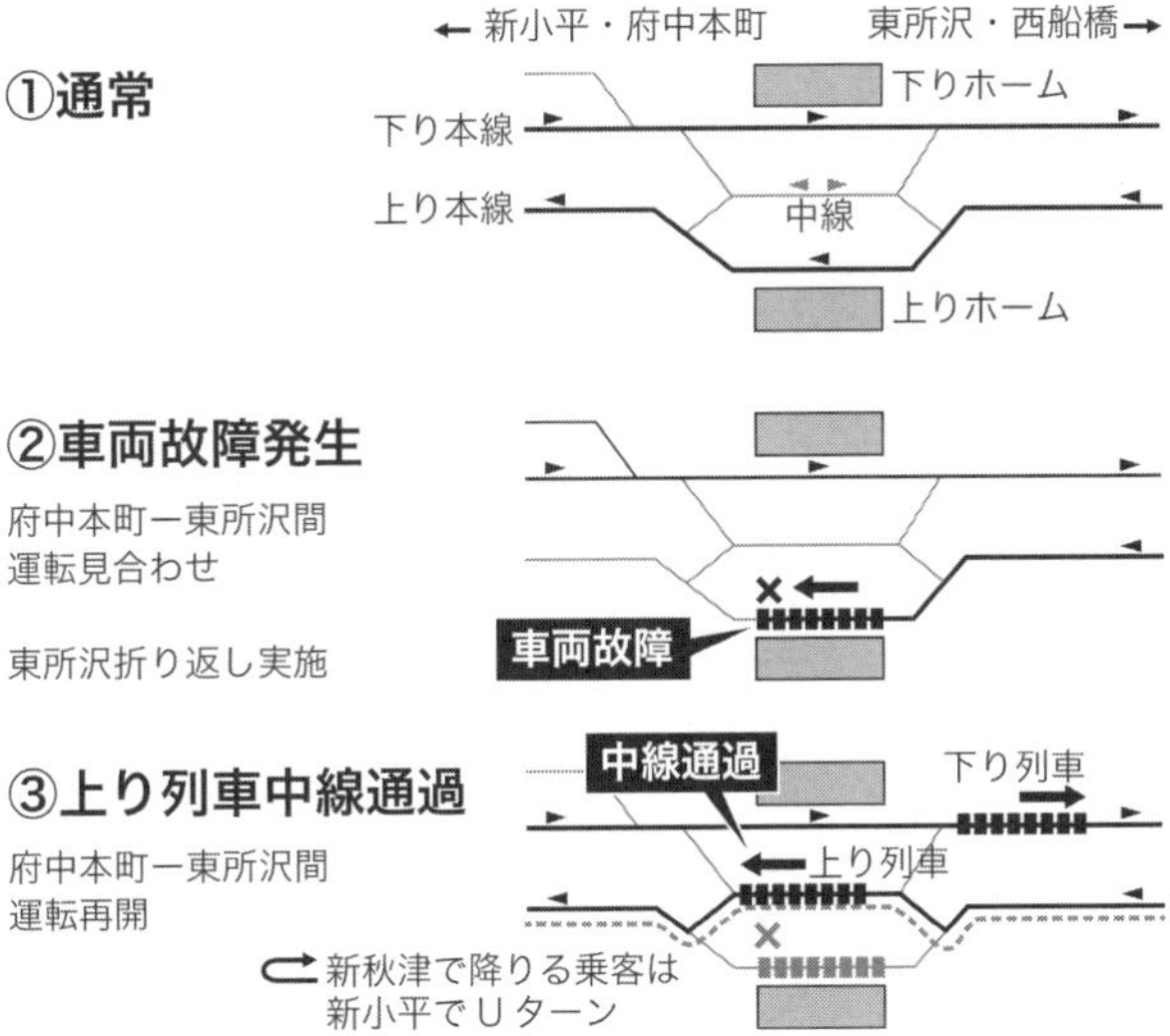

新秋津駅での車両故障とその対応（2013年2月21日）

（西船橋方面）の区間で運転を続行した。

武蔵野線担当の指令員は、新秋津駅の中線に上り列車を通して、府中本町〜東所沢間の運転を再開させようと考えた。新秋津駅の中線は、第5章でも紹介したように、上り本線と下り本線の間にあり、1991年の新小平駅隆起災害のときに折り返しに使われた線路設備だ。

しかし、新秋津駅の中線にはホームがなく、乗降ができないので、指令員は新秋津駅で上り列車を通過させる指示を出した。また、新秋津駅で降りる乗客には、次の新小平駅でUターンしてもらうことにした。このことで、上り列車が運転見合わせから30分で運転再開でき、朝のラッシュの輸送が確保された。

武蔵野線でこのような対応が行なわれたのは、この日が初めてだったため、乗り合わせた人々が驚き、ツイッターなどに投稿し、それを見た人も反応した。ネット上には「武蔵野線すげえ！」「JRはこんなこともするのか！」などの言葉が書き込まれた。

この対応は画期的だが、新秋津駅で降りる乗客に不便を強いるので、苦情が寄せられる恐れがあり、社内では心配する声もあった。しかし、結果的には武蔵野線全体の輸送確保につながり、多くの利用者に支持された。こうしたこともあり、指令員は、従来できなかった対応にも積極的にチャレンジするようになり、前に好評だった対応を躊躇なくできるようになった。川野邊さんは言う。

「今の指令はすごいですよ。前向きです。昔の指令は、『対応しても自分たちは褒められることはないんだ』とか『変な冒険はしない』という雰囲気があったように思いますが、今の指令にはいろんなことにチャレンジしようという雰囲気がある。安全を担保しながら、一生懸命になってくれるんです。『こうすればお客さまにとってよくなる』『自分がお客さまだったらこうしてほしい』というお客さま目線に、ほんとうに立っていますね」

●鉄道への高い期待に応える

指令室の雰囲気は変わったが、その反面、社会には鉄道に対する強い期待があり、わずかな列車の遅れが許容されない雰囲気がある。東京では、列車の数分の遅れで車掌がお詫びの放送をすることは珍しくないが、海外から見ればそれはかなり特殊なことだ。

日本では、飛行機やバスの遅延はある程度、許容されるが、鉄道の遅延についてはシビアに受け止められる。同じ公共交通機関なのに、なぜこうも遅延に対する反応がちがうのか不思議なところだが、日本では列車がたいてい時間どおりに走るので、多くの人がいつも時間どおりに走ることを期待しているのだろう。

それゆえか、ＪＲ東日本には、利用者への対応が国鉄時代よりもはるかに改善した現在でも、苦情や批判が寄せられることがあるようだが、それは利用者がＪＲ東日本にそれだけ期待してくれているということなので、その期待にできるだけ応えたいと川野邊さんは言う。

ただ、利用者は常に上を求めてくるので、期待に応えるのは容易なことではない。たとえば、国鉄時代の名残があったＪＲ発足時にくらべれば、サービス面ではるかに良くなっている部分があるのだが、利用者はそれを知らない。たとえば、現在は東京圏の在来線におけるほとんどの駅のホームに発車標があり、列車の行き先や発車時刻が表示され、運行状況などに関するテロップが流れることもあるが、国鉄時代には一部の駅にしか発車標がなく、テロップも流れなかった。最近改善したことがあっても、２〜３年も経てば忘れられ、それが当たり前になってしまう。だからいろいろな改善をしても、利用者にはいつになっても１００点満点はもらえない。だから鉄道会社は、利用者の声に耳を傾け、何をどれだけ改善できるかを常に考え続ける必要があると川野邊さんは言う。

ただ、現在は、前述した指令員のように「お客さま目線」が浸透した職場が増え、高い期待にも応えられるようになった。「社内にこうした雰囲気ができたことが嬉しいです」と川野邊さんは言う。

●直通運転と指令への影響

東京圏の在来線では、どの線区も列車本数が多いため、1つの線区でも運行管理が複雑だが、複数の線区や鉄道会社をまたぐ直通運転が行なわれると、運行管理はさらに複雑になる。乗り換えが解消される直通運転は、利用者にとってはありがたいサービスだが、指令員にとっては異常時が大変のようだ。

国鉄時代から実施されている中距離線区の直通運転には、横須賀線と総武線がある。これらの線区は、通常は東京駅を介して列車が直通運転をしているが、たとえば総武線で輸送障害が起こると、指令員が列車を東京駅で折り返すようにダイヤを変更し、輸送障害の影響を総武線に封じ込め、横須賀線に広がらないようにしているそうだ。

JR発足後の中距離線区の直通運転は、2001年に開業した湘南新宿ラインと、2014年度末に開業予定の上野東京ライン（東北縦貫線）だ。従来、列車がターミナル駅で折り返していた中距離線区の直通運転を実現している。

湘南新宿ラインは、副都心の3つのターミナル駅（池袋駅・新宿駅・渋谷駅）を経由し、中距離列車が走る4線区（東海道線・横須賀線・宇都宮線・高崎線）を結ぶ運転系統であり、従来、

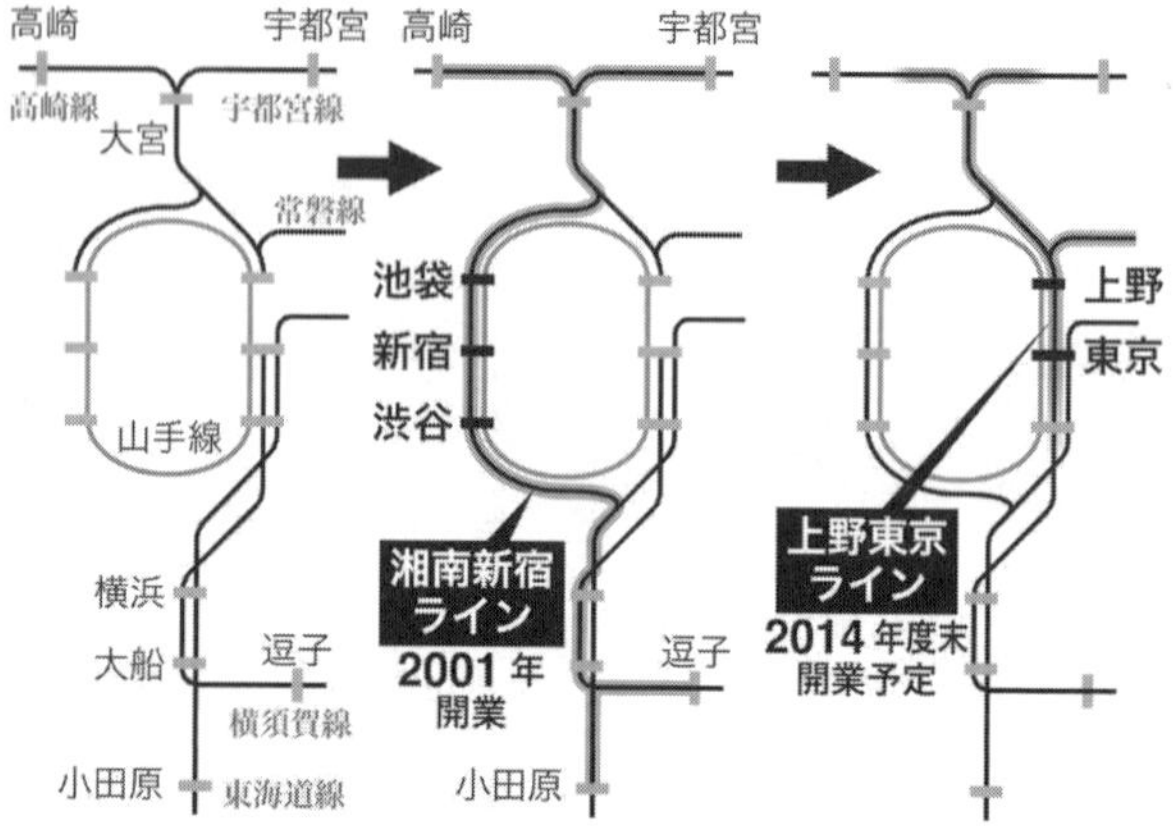

湘南新宿ラインと上野東京ライン。2014年9月時点では、上野東京ラインの終端駅は未定

東京駅や上野駅止まりだった中距離列車の直通運転を実現した。開業当初の列車は、日中のみの25往復だったが、その後、線路の改良工事によってボトルネックになっていた部分がなくなり、大幅に増発されたため、今では朝夕のラッシュ輸送も担う存在となっている。

湘南新宿ラインの開業当初は、川野邊さんは輸送課長だったそうだが、当初は運行管理が難しく、ダイヤがよく乱れたという。

「このような直通サービスの運行管理は、最初が大変なんですよ。湘南新宿ラインも、最初はトラブル続きで大変でした」

たしかに、直通列車が走るエリアが広い上に、埼京線の列車や貨物列車と線路を共用するので、列車の運行が不安定になる要素が多いが、現在は開業当

上野東京ラインを走る試運転列車（2014年8月・秋葉原駅）

初よりも安定した輸送が確保されているそうだ。ただ、この背景には、指令員の努力がある。たとえば、埼京線のダイヤが乱れている場合は、従来は東海道線や横須賀線から来る列車を品川駅止まりにしていたが、これを大崎駅止まりに変更して埼京線に乗り継ぎやすくするなど、利用者の立場に立った細かい改善を重ねたそうだ。

上野東京ラインは、上野駅と東京駅を経由し、中距離列車が走る4線区（東海道線・宇都宮線・高崎線・常磐線）を結ぶ運転系統だ。詳細な運行計画は、執筆時点ではまだ公表されていないが、これまで他線区に乗り入れていなかった常磐線の沿線から、東京方面へ乗り換えなしでアクセスできるようになる予定だ。ただし、線路容量の関係で4線区のすべての列車が入れないので、開業後に上野駅止まりや東京駅止まりの列車がすべてなくなるわけではないようだが、大幅に乗り換えが解消されるため、東京圏の在来線の朝ラッシュでもっとも混雑率が高い上野～御徒町《おかちまち》間の混雑緩和とあわせて10分以上の時間短縮効果も期待されている。しかし、湘南新宿ラインと同様に直通する線区は4線区であるが、常磐線が加わることで、さらに運行管理は複雑となる。

「指令はますます大変です。運行管理が複雑になる分、なにかあったときに東京総合指令室が大変になるんですよ」

このため、東京総合指令室では、湘南新宿ラインで培ったノウハウを生かしつつ、上野東京ラインの開業後に起こりうるリスクの洗い出しをして、準備を進めているそうだ。

また、現在、上野駅止まりとなっている宇都宮線や高崎線、常磐線の列車のすべてを、上野東京ラインに通すことはできないので、開業後も上野駅止まりの列車は残る。上野東京ラインを直通できる列車の上限は1時間に20本程度だが、現在、上野駅止まりの列車の合計は、朝の1時間でその約2倍もあるからだ。このため、上野駅止まりの列車の乗客がどこで乗り換えるか検討し、ハード面の対策をしているという。上野駅のすぐ北にある日暮里駅の常磐線ホームを拡幅したのはその一例で、上野駅止まりの列車に乗車する人が日暮里駅で後続の東京方面の直通列車に乗り換えると予測し、ホームを広げたそうだ。

●他社との直通運転

鉄道会社をまたいだ直通運転には、地下鉄2路線に乗り入れた例（常磐緩行線と東京メトロ千代田線、中央・総武緩行線と東京メトロ東西線）のほかに、4社に乗り入れた例（埼京線とりんかい線、宇都宮線と東武日光線、中央線と富士急行線、伊東線と伊豆急行線）がある。また、横浜郊外では東海道貨物線と相模鉄道の直通運転を実現するための工事も行なわれている。

このような直通運転は、会社の枠を超えた調整が必要になるので、社内で直通運転をするよりも準備や、直通運転開始後の改良が難しいのだそうだ。また、他社と直通運転をするときは、東京総合指令室が他社の指令室と情報交換をする必要があるので、指令業務が複雑になるそうだ。

その一例として、埼京線とりんかい線の直通運転について説明してもらった。川野邊さんは、輸送次長時代に、開始後の改良に携わった経験があるという。

埼京線とりんかい線の直通運転は、当初、電車が10両編成に統一されていなかったため、指令員にとっては車両の運用が難しかったそうだ。りんかい線の電車は、当初2種類の編成があり、埼京線に乗り入れる電車は10両編成、同線のみを走る電車は、6両編成だったが、ダイヤが乱れたときは、6両編成の電車は埼京線に入りたくても入れなかった。埼京線の列車は10両編成で統

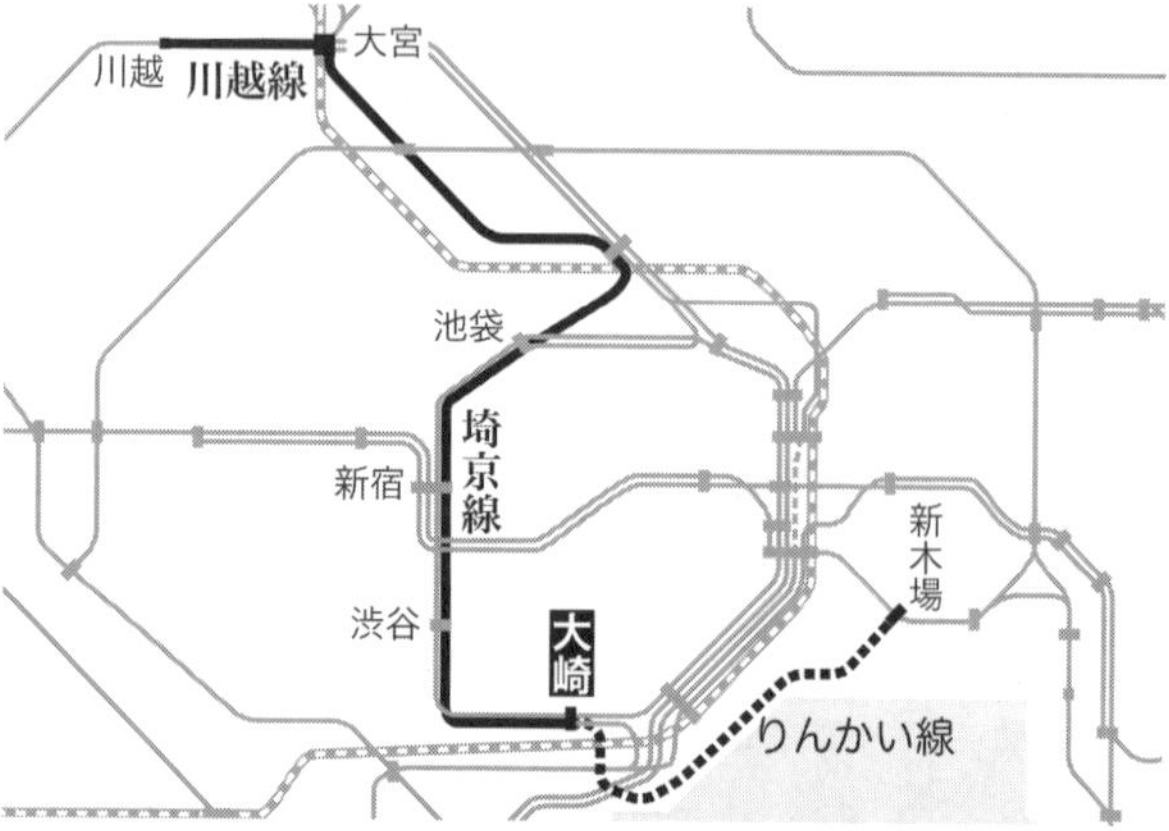

川越線・埼京線・りんかい線の直通運転

一されていたからだ。そこで、りんかい線を運営する東京臨海高速鉄道と協議したところ、同社の努力によってりんかい線の電車がすべて10両編成に統一された。また、どの編成も埼京線に入線できるようになったため、車両の運用が大幅に楽になったそうだ。

●競争と協調

次に、東京圏の鉄道のこれからについて聞いてみた。近年、日本では少子高齢化にともなう人口減少が大きな問題になっており、東京圏の中核である東京都の人口も、戦後から増え続けてきたが、東京オリンピックが開催される2020年から都の人口が減少に転じると予測されている。また、生産活動の中核をなす生産年齢人口も減少すると、通勤で鉄道を利用する人が減り、鉄道全体の利用者も減る可能性がある。ただ、川野邊さんは、まだまだ工夫次第で多くの人に乗ってもらえる可能性を秘めており、同じことがどの交通機関にも共通するのではないかと言う。また、川野邊さんは、より多くの人に鉄道を利用してもらうための工夫の1つとして、前述した直通サービスを挙げた。

直通サービスは、乗り換えの解消や、それにともなうターミナル駅や列車の混雑を緩和するだけでなく、利用者が増える要因にもなる。たとえば湘南新宿ラインは、当初、平日の通勤の人たちがおもに利用すると予想されていたそうだが、現在は土休日でも利用者が多く、グリーン車も混雑している。

直通サービスで利用者が増える要因には複数あるが、その1つに、遠い場所への心理的な距離を縮める効果があるようだ。もともと鉄道で移動できた区間でも、乗り換えという障壁があるだけで、心理的な距離が長くなることがあるからだ。

たとえば東京圏の人の中には、常磐線の水戸駅を、仙台駅と同じぐらい遠いと感じている人が多いのではないかと川野邊さんは言う。もちろん、東京駅からの距離では水戸駅のほうが近いのだが、東京駅から水戸駅に鉄道で行くには、まず上野駅で乗り換えなければならないし、そこから特急に乗っても水戸駅まで最短でも1時間以上かかる。いっぽう仙台駅は、東京駅から新幹線で最短1時間半強かかるが、乗り換えなしで行ける。だから、水戸駅は仙台駅と同じぐらい時間的に遠いと思う人がいる可能性は高い。

こうした乗り換えがなくなると、心理的な距離が縮まる場合がある。たとえば、新幹線と在来線の直通サービスとして、東京駅を発着する山形・秋田新幹線があるが、この存在は東京圏の人に山形や秋田という地域をアピールすることになり、観光客の誘致にもつながったそうだ。

同じように、湘南新宿ラインの開業で、横浜駅の発車標には、かつて表示されなかった高崎や宇都宮などの駅名が表示されるようになったし、高崎や宇都宮、大宮、池袋、新宿、渋谷から横浜や、観光地である鎌倉に列車で直行できることも広く知られるようになった。それは新たな需要の開拓につながった可能性がある。それゆえに川野邊さんは言う。

「直通サービスは、実施する鉄道会社だけでなく、鉄道業界全体にとってもいいことなんです。鉄道が便利になることは、これまで『鉄道は乗り換えが面倒』と思って鉄道を利用しなかった方が、鉄道を利用するきっかけをつくることになると思うのです。だから、今後は鉄道会社がお互いに切磋琢磨しながらも一緒にできる工夫はどんどん協力し合って、東京圏全体の鉄道が便利になればと思うのです。鉄道会社はお互いに競争と協調の関係なのです」

●元気なシニアにも利用しやすく

これまで首都圏の在来線は、おもに通勤客に対してラッシュ時のサービスを充実させていたが、これからはラッシュ時以外の昼間の時間帯のサービスも充実させたいと川野邊さんは言う。駅に行けばいつでもすぐに列車に乗れるという状況にすれば、利用者も便利になって利用してくれるだろうという考えだ。とくに近年は行動的なシニアが増えているので、昼間のダイヤの充実はこれからの課題となるそうだ。シニア世代の人のなかには、自主的に乗用車の運転免許を返納する人もおり、乗用車から公共交通機関にシフトする人も増えているので、鉄道をさらに便利にすれば、利用者が増える可能性はたしかにありそうだ。

●ノウハウを伝える動き

東京圏の在来線で培ったノウハウを海外に展開する動きも始まっているようだ。

ＪＲ東日本の海外展開は、これまで例があまりなく、他国と交流することも少なかったようだが、近年は例が増えているそうだ。その中には、フランスの大手電機メーカーであるアルストムやタレス、パリ交通局（ＲＡＴＰ）との技術交流などがある。ＪＲ東日本が共同出資している日本コンサルタンツは18カ国52件（２０１４年3月時点）のコンサルティング案件を扱っている。こうした動きの中で、近年になって目立つのが、東南アジアへの新造電車の輸出や中古電車の譲渡、そして電車のメンテナンスの技術交流だ。

新造電車の輸出は、タイのバンコクに建設されている都市鉄道のパープルライン向けに行なわれている。製造するのは、ＪＲ東日本のグループ企業である「総合車両製作所」だ。

中古電車の譲渡は、インドネシア国鉄に向けて実施している。埼京線で使われていた電車を譲渡したところ、現地の評判もよく、横浜線で使われていた電車も追加で譲渡したそうだ。

電車のメンテナンスの技術交流は、インドネシア国鉄とはすでに実施しており、20代や30代の若い社員が現地に行って、維持・管理のやり方を伝えているそうだ。また、タイのパープルラインに対しても一定期間、実施する予定だ。ＪＲ東日本が培ってきた電車メンテナンスのノウハウを伝えることで、長い間電車が活躍することが期待されるという。

こうした海外展開の話は、日本から一方的に教えるというイメージがあるが、川野邊さんはそうではないと言う。海外展開は、国内を対象とした事業にはない刺激があり、ＪＲ東日本の社員にとっても学ぶことが多いからだ。

ＪＲ東日本が東京圏の在来線で長きにわたり磨いてきたノウハウは、電車のメンテナンス以外にも運行管理がある。川野邊さんは、それもアジア圏などの都市鉄道に提供したいと言うが、今のところ相手国は決まっていないという。

●東京で磨かれたもの

最後に、川野邊さんから聞いた話を踏まえて取材したことをまとめたいと思うが、その前に筆者がドイツのベルリンで見たものを少し紹介したいと思う。なぜならば、東京の都市鉄道には、ベルリンをモデルにしてつくられた部分があるからだ。

筆者がベルリンに行ったのは、東京総合指令室の取材を一通り終えてからだった。ベルリンは、電気鉄道や電車の発祥の地であり、「Sバーン」と呼ばれる地上を通る都市鉄道には、山手線と同じように環状運転する線区がある。その一部区間は高架鉄道になっており、山手線や京浜東北線が通る東京～新橋間に似た煉瓦アーチと鉄桁を組み合わせた高架橋があった。というより、この高架橋がモデルになって東京～新橋間が建設された。小野田滋著『東京鉄道遺産』（講談社・2013）には、官設鉄道が、ベルリンの高架橋を手がけた技術者をドイツから招聘し、複々線の高架橋を建設したことが記されている。その高架橋は完成から100年以上経った現在も、山手線や京浜東北線の設備の一部として使われている。

欧米では、日本よりも早く都市鉄道が発達したため、欧米の都市鉄道を参考にしながら、東京の都市鉄道がつくられた。第2次大戦後に東京の都市化が進み、人口が急増すると、東京の都市鉄道には輸送力が求められ、結果的に世界に類を見ない高密度輸送を行ない、世界でもっとも時間に正確と言われる鉄道へと独自の進化を遂げた。

ただし、国鉄時代は、ほとんどの在来線の運行管理が、列車の位置すらわからない状態で放置されていたため、JR東日本が発足してから改良が施され、ようやく多くの線区で列車の位置を正確に把握しながら運行管理ができるようになった。

そのような鉄道が、高密度輸送をきちんとこなすようになった背景には、これまで紹介した、東京総合指令室などに所属する社員の意識の変化や努力があると思うが、それに加えて、社会の鉄道に対する高い期待があると思う。

東京の電車は世界でもっとも時間に正確なのは、おそらく本当だと思うが、東京の都市鉄道ほど社会から高い定時性が求められる鉄道はかなり珍しいと思う。そのことは、海外で実際に列車に乗るとよくわかる。

現在は海外の鉄道でも鉄道に高い定時性を求める国が増えているようだが、わずか数分の列車の遅れが生じただけで車掌がお詫びの放送を流す東京の鉄道は、丁寧というより、ちょっと変わっている。ただ、それをしないとクレームがくるほど、東京や日本の社会が鉄道に極端に高い期待をしているのはたしかだろう。

社会が鉄道に高い期待をする理由は定かではないが、筆者はおもに2つのことが関係していると考えている。ちょうど半世紀前の1964年における新幹線の誕生と、東京の鉄道の特殊性だ。

日本はもともと技術などの分野で欧米よりも大きく遅れていたが、世界初の時速200キロ超での営業運転が新幹線で実現したことは、日本の技術が欧米の水準に達したことを示し、国内に大きなインパクトを与えた。それゆえ、日本の鉄道が世界に冠たるものという価値観が生まれた。

また、新幹線が誕生した高度経済成長期には、東京では、戦後の輸送需要の高まりに対して、複々線化などの鉄道施設の改良が追いつかず、列車本数を増やして輸送力を補い、定時性を高めて短い運転間隔を保った。その結果高くなった定時性は、いつしか当たり前、もしくは海外の鉄道とくらべた日本の鉄道の優位性を示すものとして認識されるようになった。

以上のことが要因となり、日本や東京の社会が、他国の社会よりも鉄道に高い期待をするようになったのではないだろうか。またそれゆえに、日本や東京の鉄道が独自に進化した部分はあると筆者は思う。

そんな東京の都市鉄道は、かつてはドイツやイギリス、アメリカ、フランスなどから一方的にさまざまな知識やノウハウを学んだが、今はそれを他国に伝える側になっている。その動きの一例が、川野邊さんが説明してくれた海外展開と言えるだろう。

現在、アジアの新興国の大都市では、道路にバイクや自転車があふれ、交通渋滞が大きな社会問題になっており、それを解決すべく都市鉄道の整備が進められている。それらの国の都市鉄道も、東京の都市鉄道がかつて歩んだように、いつか時が経てば輸送力などの「量」から、使いやすさなどの「質」が求められる時代になるだろう。そのとき、電車やその保守のノウハウだけでなく、東京総合指令室が工夫と改良を重ねて培った運行管理のノウハウも伝えられ、海の向こうでも花開くことを期待したい。

あとがきにかえて

本書の取材を通して、1つ疑問に思ったことがあった。取材中は、「お客さま目線」という言葉を繰り返し聞いたが、「お客さま目線」は、飲食業界のように競争相手が多く、「選ばれるためのサービス」が求められる業種で定着した考え方だ。鉄道のように公共性が高く、かならずしも競争相手がいるとは限らない業種にもこの考え方が使われるのは、どこか不思議ではないだろうか。たとえば山手線を利用する人は、山手線に代わる移動手段がないから山手線を選ぶし、JR東日本が乗ってくださいと言わなくても利用する人は利用する。そうした鉄道に、「お客さま目線」は果たしてどこまで必要なのかは説明するのが難しい。

鉄道で「お客さま目線」の考え方が浸透したのは、おそらく鉄道に対する期待が高い日本や東京ならではの傾向なのだろうが、公共性が高い乗り物が「お客さま目線」で考える人によって支えられているということは、社会が成熟し、高いレベルに達した結果とも考えられる。けっして悪いことではないが、われわれはなかなかそれに気付きにくい。しかし、われわれから見えない東京総合指令室で、異常時でもお客さまのためになんとか列車を動かそうと奮闘している人たちは、それを示してくれたのではないかと思う。

本書の取材や制作においては、多くの方にお力添えをいただいた。まずJR東日本の東京総合指令室で日々鉄道輸送を支えている方々には、忙しい業務の合間を縫って取材に応じてくれたことに感謝申し上げたい。また、同社の本社広報部や東京支社広報課の方々は、セキュリティのきびしい施設の複雑な手続きをした上で、取材に同行してくださった。鉄道会館・社長の井上進さんや、JR東日本常務で鉄道事業本部長の川野邊修さんは、国鉄時代からの運行管理の歴史をふくめ、広範囲の話をお聞かせいただいた。本書の企画や取材が実現したのは、川野邊さんのご理解とお力添えによるところが大きい。交通新聞サービス社長の林房雄さんや同社部長の邑口亨さんには、前作『鉄道をつくる人たち』に続き、お力添えをいただいた。じつは東京総合指令室を取材することは、鉄道のライターとして目標の1つとしていたのだが、林さんや邑口さんに企画をご提案いただいたことで、独立からちょうど10年目にして実現した。この場をお借りして厚く御礼申し上げます。

2014年9月　川辺謙一

おもな参考文献

[1]『東京総合指令室(パンフレット)』東日本旅客鉄道
[2]大井益夫『東日本旅客鉄道・東京総合指令室の概要』運転協会誌、2011・4
[3]東日本旅客鉄道編『東日本大震災対応記録誌』2013
[4]東日本旅客鉄道編『東日本大震災証言集』2013
[5]列車ダイヤ研究会『列車ダイヤと運行管理』成山堂書店・2008
[6]富井規雄『列車ダイヤのひみつ』成山堂書店・2005
[7]電気学会・鉄道における運行計画・運行管理業務高度化に関する調査専門委員会『鉄道』ダイヤ回復の技術』オーム社・2010
[8]北原文夫・藤原和紀・栗原和男・岩本孝雄・小牧亨・山川俊幸『超高過密線区の輸送を支える東京圏輸送管理システム(ATOS)』日立評論・1997・2
[9]北原文夫・小牧亨・藤原和紀・栗原和男・岩本孝雄・山川俊幸『超高過密線区向け輸送管理システムの段階的構築―東京圏輸送管理システムATOSの山手・京浜東北・根岸線拡張―』日立評論・1999・3
[10]宮島弘志『運行管理システムの変革(安全・安定輸送の確保をめざして)』JR East Technical Review 5・2003
[11]山之内秀一郎『JRはなぜ変われたか』毎日新聞社、2008

［12］小野田滋『東京鉄道遺産』講談社、2013

本文の指令室イラストは、［1］を参考にして筆者が作成した。

川辺謙一（かわべ　けんいち）

鉄道技術ライター、交通技術ライター。1970年、三重県生まれ。東北大学工学部卒、東北大学大学院工学研究科修了。化学メーカーに入社後、半導体材料等の開発に従事し、2004年に独立。高度化した技術を一般向けに翻訳したり、鉄道や道路を支える現場や当事者を紹介する活動を行なっている。近著に『鉄道をつくる人たち』（交通新聞社）、『鉄道を科学する』（SBクリエイティブ）、『図解・首都高速の科学』（講談社）、『鐵路的科學』（中国語版・晨星出版社）などがある。本書では図版も担当。

交通新聞社新書072
東京総合指令室
東京圏1400万人の足を支える指令員たち
（定価はカバーに表示してあります）

2014年10月15日　第1刷発行

著　者――川辺謙一
発行人――江頭　誠
発行所――株式会社 交通新聞社
http://www.kotsu.co.jp/
〒101-0062　東京都千代田区神田駿河台2-3-11
NBF御茶ノ水ビル
電話　東京（03）6831-6550（編集部）
東京（03）6831-6622（販売部）

印刷・製本―大日本印刷株式会社

ISBN978-4-330-50714-9

交通新聞社新書　好評既刊

進化する路面電車――超低床電車はいかにして国産化されたのか　史絵・梅原　淳
ご当地「駅そば」劇場――48杯の丼で味わう日本全国駅そば物語　鈴木弘毅
国鉄スワローズ1950-1964――400勝投手と愛すべき万年Bクラス球団　堤　哲
イタリア完乗1万5000キロ――ミラノ発・パスタの国の乗り鉄日記　安居弘明
国鉄／JR　列車編成の謎を解く――編成から見た鉄道の不思議と疑問　佐藤正樹
新幹線と日本の半世紀――1億人の新幹線――文化の視点からその歴史を読む　近藤正高
「鉄」道の妻たち――ツマだけが知っている、鉄ちゃん夫の真実　田島マナオ
日本初の私鉄「日本鉄道」の野望――東北線誕生物語　中村建治
国鉄列車ダイヤ千一夜――語り継ぎたい鉄道輸送の史実　猪口　信
昭和の鉄道――近代鉄道の基盤づくり　須田　寛
最速伝説――20世紀の挑戦者たち――新幹線・コンコルド・カウンタック　森口将之
「満鉄」という鉄道会社――証言と社内報から検証する40年の現場史　佐藤篁之
ヨーロッパおもしろ鉄道文化――ところ変われば鉄道も変わる　海外鉄道サロン／編著
鉄道公安官と呼ばれた男たち――スリ、キセルと戦った〝国鉄のお巡りさん〟　濵田研吾
箱根の山に挑んだ鉄路――『天下の険』を越えた技　青田　孝
北の保線――線路を守れ、氷点下40度のしばれに挑む　太田幸夫
鉄道医　走る――お客さまの安全・安心を支えて　村山隆志
「動く大地」の鉄道トンネル――世紀の難関「丹那」「鍋立山」を掘り抜いた魂　峯﨑　淳

読む・知る・楽しむ鉄道の世界。

ダムと鉄道——一大事業の裏側にいつも列車が走っていた　武田元秀
富山から拡がる交通革命——ライトレールから北陸新幹線開業にむけて　森口将之
高架鉄道と東京駅［上］——レッドカーペットと中央停車場の源流　小野田滋
高架鉄道と東京駅［下］——レッドカーペットと中央停車場の誕生　小野田滋
台湾に残る日本鉄道遺産——今も息づく日本統治時代の遺構　片倉佳史
観光通訳ガイドの訪日ツアー見聞録——ドイツ人ご一行さまのディスカバー・ジャパン　亀井尚文
思い出の省線電車——戦前から戦後の「省電」「国電」　沢柳健一
終着駅はこうなっている——レールの果てにある、全70駅の「いま」を追う　谷崎　竜
命のビザ、遙かなる旅路——杉原千畝を陰で支えた日本人たち　北出　明
蒸気機関車の動態保存——地方私鉄の救世主になりうるか　青田　孝
鉄道ミステリ各駅停車——乗り鉄80年　書き鉄40年をふりかえる　辻　真先
グリーン車の不思議——特別列車「ロザ」の雑学　佐藤正樹
東京駅の履歴書——赤煉瓦に刻まれた一世紀　辻　聡
鉄道が変えた社寺参詣——初詣は鉄道とともに生まれ育った　平山　昇
ジャンボと飛んだ空の半世紀——〝世界一〟の機長が語るもうひとつの航空史　杉江　弘
15歳の機関助士——戦火をくぐり抜けた汽車と少年　川端新二
鉄道落語——東西の噺家4人によるニューウェーブ宣言　古今亭駒次・柳家小ゑん・桂しん吉・桂梅團治
鉄道をつくる人たち——安全と進化を支える製造・建設現場を訪ねる　川辺謙一

交通新聞社新書　好評既刊

「鉄道唱歌」の謎―〝♪汽笛一声〟に沸いた人々の情熱　中村建治
青函トンネル物語―津軽海峡の底を掘り抜いた男たち　青函トンネル物語編集委員会／編著
「時刻表」はこうしてつくられる―活版からデジタルへ、時刻表制作秘話　時刻表編集部OB／編著
空港まで1時間は遠すぎる!?―現代「空港アクセス鉄道」事情　谷川一巳
ペンギンが空を飛んだ日―IC乗車券・Suicaが変えたライフスタイル　椎橋章夫
チャレンジする地方鉄道―乗って見て聞いた「地域の足」はこう守る　堀内重人
「座る」鉄道のサービス―座席から見る鉄道の進化　佐藤正樹
地下鉄誕生―早川徳次と五島慶太の攻防　中村建治
東西「駅そば」探訪―和製ファストフードに見る日本の食文化　鈴木弘毅
青函連絡船物語―風雪を超えて津軽海峡をつないだ61マイルの物語　大神　隆
鉄道計画は変わる。―路線の「変転」が時代を語る　草町義和
つばめマークのバスが行く―時代とともに走る国鉄・JRバス　加藤佳一
車両を造るという仕事―元営団車両部長が語る地下鉄発達史　里田　啓
日本の空はこう変わる―加速する航空イノベーション　杉浦一機
鉄道そもそも話―これだけは知っておきたい鉄道の基礎知識　福原俊一
線路まわりの雑学宝箱―鉄道ジャンクワード44　杉﨑行恭
地方鉄道を救え！―再生請負人・小嶋光信の処方箋　小嶋光信・森彰英
途中下車で訪ねる駅前の銅像―銅像から読む日本の歴史と人物　川口素生